安徽财经大学服务安徽经济社会发展系列研究报告

安徽财政发展研究报告 2017

经庭如　储德银　罗鸣令　等著

合肥工業大學出版社

图书在版编目(CIP)数据

安徽财政发展研究报告 2017/经庭如等著．—合肥：合肥工业大学出版社，2017.5

ISBN 978－7－5650－3364－3

Ⅰ.①安…　Ⅱ.①经…　Ⅲ.①地方财政—研究报告—安徽—2017
Ⅳ.①F812.754

中国版本图书馆 CIP 数据核字(2017)第 114843 号

安徽财政发展研究报告 2017

经庭如　等著　　　　责任编辑　陆向军　何恩情

出　版	合肥工业大学出版社	**版　次**	2017 年 5 月第 1 版
地　址	合肥市屯溪路 193 号	**印　次**	2017 年 5 月第 1 次印刷
邮　编	230009	**开　本**	710 毫米×1010 毫米　1/16
电　话	综合编辑部：0551－62903028	**印　张**	11.75
	市场营销部：0551－62903198	**字　数**	162 千字
网　址	www.hfutpress.com.cn	**印　刷**	合肥现代印务有限公司
E-mail	hfutpress@163.com	**发　行**	全国新华书店

ISBN 978－7－5650－3364－3　　　　**定价：**34.00 元

编 委 会

安徽财经大学科研工作始终坚持立足安徽做学问、服务安徽出成果，特别重视立足地方和行业需求构建多层次智库平台。2009 年，为了更好地服务合芜蚌综合配套改革试验区的建设，我校成立了合芜蚌自主创新与区域经济发展研究中心；2010 年，为了更好地服务安徽省委、省政府的重大决策，更多更快地获取政策信息，成立了合肥研究院；2011 年，为了服务“振兴皖北”的发展战略，成立了皖北发展研究院；2012 年，为了服务安徽宏观运行和发展战略，成立了校级安徽经济预警运行与发展战略协同创新中心，2014 年，该中心被批准为省级协同创新中心；2013 年底，为增强科研与社会服务能力，主动服务安徽经济社会发展，我校成立了安徽经济发展研究院；2014 年，成立了现代服务业研究中心和徽商研究中心等智库建设平台；2015 年，我校依托安徽经济社会发展研究院申报的“安徽经济社会发展研究中心”项目获准安徽省教育厅智库项目立项建设。这些平台优化了资源配置，聚合了科研力量，鼓励和引导教师围绕安徽省委、省政府的重大发展战略选题，深入研究安徽经济社会发展中的重点、热点和难点问题，着力破解制约安徽经济社会发展的重大理论和现实问题，为学校建设特色鲜明的地方高水平财经大学提供了有益的智力支持，并取得了较为丰硕的成果，积累了丰富的经验。

近年来，安徽经济发展研究院围绕安徽经济社会发展中的重大理论与实践问题以及相关学科发展前沿问题，采取专兼职结合的方式吸纳各方专家和学者组成研究团队，通过拓展成果转化的渠道，为安徽省政府部门及企业提供政策建议和决策咨询服务。研究院在安徽经济运行与发展战略、发展规划与政策评价、淮河流域资源与环境等方面已形成系列研究成果和一定影响，力争成为安徽重要的财经智库。

一是安徽经济发展研究院成功入选安徽省十大重点智库。为加快推进安徽省新型智库建设，着力打造一批党政急需、特色鲜明、制度创新、引领发展的专业化高端智库，根据中共安徽省委办公厅、安徽省人民政府办公厅《关于加强安徽新型智库建设的实施意见》精神，安徽省委宣传部开展了安徽省重点智库和重点培育智库评选工作。经过单位申报、专家评审，评选出省重点智库 10 家，省重点培育智库 5 家，我校安徽经济发展研究院被评为安徽省重点智库。该智库重点围绕安徽省经济社会发展的重大问题和重要决策，聚焦安徽区域经济、产业发展、财政金融、精准扶贫、生态环境、公共管理、创新创业、民营经济及对外开放等重点研究领域，为安徽省委、省政府和相关政府部门科学决策提供咨询服务。

二是安徽经济发展研究院成功入围中国智库索引首批来源智库，并获大学智库指数排名普通高校第一名。中国智库索引（CTTI）来源智库名录是从全国 2000 多家智库机构评审出 489 家，包含党政部门智库、社科院智库、党校行政学院智库、高校智库、军队智库、科研院所智库、企业智库、社会智库、传媒智库九大类。其中，CTTI 大学智库指数分“985”高校、“211”高校和普通高校三类，我校在普通高校排名中位居首位。此次评比结果既肯定了我校智库建设的成绩，也为今后的智库建设指明了方向，将会对我校的学术声誉和服务社会能力起到积极的促进作用。

三是安徽经济发展研究院精准扶贫研究取得系列成果。安徽省政协邀请我校智库派4人参加安徽省委、省政府、省政协重点协商课题“坚决打赢脱贫攻坚战”课题组。为此，我校选派和组织师生组成17个调研组对安徽省部分县区脱贫攻坚工作进行了专题调研；应省扶贫办的委托，我校组织有关老师和学生承担了全省脱贫攻坚第三方评估皖北15个县市的评估任务，评估报告受到省扶贫办的充分肯定；首次接受省扶贫开发工作领导小组的安排，我校组织850余名师生完成脱贫监测评估工作；此外，四篇扶贫政策建议获得省领导批示；特别是因在精准扶贫研究上取得系列成果，在省政协“坚决打赢脱贫攻坚战”专题协商会上，我校3篇政策建议在大会上作了交流。

安徽经济发展研究院公开出版发行的我校服务地方经济社会发展的研究报告——《安徽经济发展报告》，已连续发布12年，每年在合肥举办系列研究报告新闻发布会，安徽省委、省政府相关部门及部分省属高校的领导专家出席，40多家国家、省、市级媒体进行了跟踪报道。通过十多年连续发布，系列研究报告在省内外已形成一定影响，成为安徽省委、省政府相关部门决策的参考依据。

特别是2016年，举办两次研究成果新闻发布会，媒体影响力实现了新的突破；同时，政策影响力实现突破，在系列研究报告基础之上形成的政策建议多次引起政府部门的关注；多篇政策建议被安徽省经济发展研究中心主办的《决策》杂志，《安徽日报》，安徽省环保厅主办的《绿色视野》杂志，安徽省委教育工委、省教育厅主办的高校智库专刊《高校专家建言》选用。

2017年，在安徽经济预警运行与战略协同创新中心给予经费的支持下，安徽经济社会发展研究院策划组织研究力量编写的系列报告又如期出版。2017年新增《安徽农村普惠金融发展研究报告》。

纵观这些报告可以看出，报告的组织者与撰写者都付出了辛勤的劳动和不懈的努力。当然，我们也清醒地认识到，报告也还存在这样或那样的缺点，与政府部门领导和社会各界对我们的期望还有相当大的差距，我校应当也有可能在智库建设方面做得更多、更好。我们坚信，只要坚持走下去，在社会各界的关心和帮助下，系列研究报告一定会越做越好！我校的智库建设也将结出更多的硕果！

安徽财经大学校长　丁忠明

2017 年 3 月 20 日

《安徽财政发展研究报告2017》是安徽财经大学服务地方经济社会发展的系列研究报告之一。本报告根据安徽省财税部门、宏观经济管理部门和统计机构发布的经济社会运行数据和工作情况介绍等相关资料撰写，力图对安徽财政、税收以及其他财税热点进行宏观考察和分析，全方位揭示“十三五”开篇之年安徽财政收支规模状况、结构特点；选取关乎安徽财政发展的精准扶贫、地方政府债券管理、可持续发展领域中的PPP模式研究、税收质量报告等若干重大问题，进行专题研究和探讨，为促进安徽财政的进一步发展和完善提供政策参考和咨政建议。

2016年，在学习贯彻习近平总书记系列重要讲话特别是视察安徽重要讲话精神基础之上，安徽省在党中央、国务院及中共安徽省委的坚强领导下，攻坚克难，开拓奋进。2016年，安徽财税积极支持全面推进“三去一降一补”，扎实推进供给侧结构性改革；深入实施创新驱动发展战略，加快“调转促”步伐；深化改革扩大开放，进一步增强市场活力和社会创造力；全面贯彻精准扶贫精准脱贫方略，确保精准扶贫目标全面实现。

财政收入增长趋势与经济发展速度相趋近，逐步建立财政发展“新均衡”模式。2016年，安徽省财政总收入完成4373亿元，增长9%，其中地方财政收入2673亿元，比上年同期增长8.9%。整体来看，2016 年地方财政收入增长较 2015 年有下滑趋势。除 1、3、4、5、9 和 12 月份外，其他月份同期增长率均保持个位数增长，且增长速度较慢，2、6、10 月还出现了负增长。分季度来看，第三季度整体保持增长态势，第四季度各月增速波动过大。

财政支出结构优化，绝对规模保持稳定增长。从预算实际执行情况来看，2016 年安徽省财政支出 5530 亿元，比上年增加 299.6 亿元，增长 5.6%。从 2016 年各月的财政支出情况看，三月是支出数额最多的月份，财政支出数额达到 698 亿元，达到全年预算的 28.5%。从支出科目上来看，教育支出、科技支出、文化体育与传媒支出、社会保障和就业支出、农林水支出、医疗卫生与计划生育支出等科目均出现支出规模低于年初预算的现象。

充分利用财税政策，助力精准扶贫。2016 年，安徽省 103 万贫困人口脱贫，1077 个贫困村出列，超额完成年度目标任务。但 2017 年及以后的时间里，安徽省脱贫任务仍然十分艰巨，安徽财政“兜底”责任更重、皖北和皖西片区财政精准扶贫压力相对更大。因此，现阶段有必要进一步优化财政精准扶贫支出结构、重点加大皖北财政精准扶贫力度、积极支持符合本地经济社会发展实际的产业扶贫计划、特别关注贫困边缘的农户心理失衡问题。

持续推广使用 PPP 模式。党的十八届三中全会不仅强调“财政是国家治理基础”，同时突出“市场在资源配置中发挥决定性作用”，特别提出建立吸引社会资本投入基础设施的市场化机制。合理调动政府和市场的双重积极性，发挥政府财政引导作用，采用政府和社会资本合作模式（Public－Private Partnership，PPP）是近年来在安徽省公共产品及公共服务供给的有效措施，该模式在加快我省城镇化建设、提升政府治理能力以及构建现代财政体制方面具有重要意义。但现阶段安徽省在推广使用 PPP 模式过程中，存在“政府多头管理、社会资本进入动力不足、PPP 项目落地难、服务类公共产品投资较少”等问题，需积极改变政府部门“上冷下热”，公私部门“冷热不均”现象，健全 PPP 模式法律法规体系、强化政府公信力、建立共赢的契约治理机制、加强预算管理。

加强地方政府债券管理工作。2016年10月11日，安徽省已全面完成2016年地方政府债券发行工作，成为全国最早完成发行任务的省份之一。2016年，安徽省共发行了地方政府债券2890.62亿元。其中，从债券性质看，一般债券1624.01亿元，专项债券1266.61亿元。从债券使用方向看，新增债券584.1亿元，置换债券2306.52亿元。地方政府债券的发行有利于缓解地方政府的偿债压力，对安徽省经济社会的稳定健康发展起到了重要的促进和保障作用。

加强税收收入质量管理。税收质量涉及税收收入起点、过程和结果，与经济发展、税源监管、征收管理、税款入库等因素与环节密切相关；不仅涉及税款征取的准确性，也涉及征税过程的努力程度，还涉及最终结果的绩效，是取得税收收入全过程的质量。鉴于数据的可得性，本部分内容主要从税收收入具体情况，理论税收收入实现程度，税收可持续增长能力三方面设计具体指标。

《安徽财政发展报告2017》框架设计和撰写由经庭如、储德银、罗鸣令负责。参与编写的人员有：储德银、余红艳（第一章）、李冬梅（第二章）、罗鸣令、祝心怡（第三章）、杨彤、杨晓妹（第四章）、郑洁（第五章）、经庭如、崔志坤（第六章）。全书由经庭如、储德银、罗鸣令进行修改统稿。在本书写作过程中，安徽财经大学分管领导和学校科研处领导给予了大力的支持，校内专家和财政部门专家为书稿的完善提出了宝贵的意见和建议，本研究项目还得到了安徽省财政、税务系统有关领导的关注和支持，合肥工业大学出版社为本书出版做了大量的工作，在本书出版之际，谨此一并致谢！

作　者

2017年5月

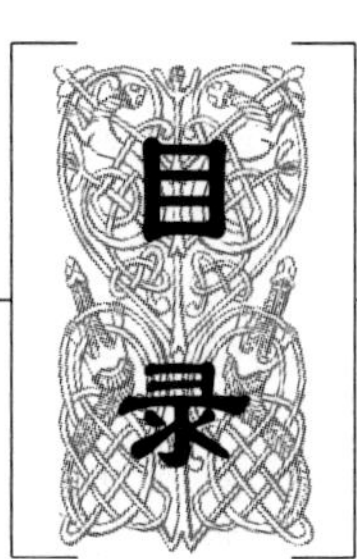

MU LU 目录

第一章　安徽省财政收入分析 …………………………………… (001)

第一节　2015—2016 年财政总收入完成回顾 ……………… (001)

一、安徽省财政总收入概况 ………………………………… (001)

二、1994 年分税制改革后安徽财政收入及增长情况 …… (003)

第二节　2015—2016 年地方财政收入规模分析 …………… (006)

一、2015 年安徽省地方财政收入规模 …………………… (007)

二、2016 年 1—12 月安徽省地方财政收入规模 ………… (009)

三、安徽省各地市地方财政收入及人均地方财政收入 … (012)

第三节　2015—2016 年地方财政收入结构分析 …………… (018)

一、中央财政收入与地方财政收入 ……………………… (018)

二、安徽省地方财政收入结构 …………………………… (020)

第四节　安徽省 2017 年财政收入形势及政策前瞻………… (032)

一、安徽省 2017 年财政收入的经济形势分析…………… (032)

二、安徽省 2017 年财政收入的政策前瞻………………… (035)

第二章 安徽财政支出分析 …………………………………… (039)
第一节 2015—2016 年财政支出预算执行情况回顾 ……… (039)
一、2016 年财政支出预算安排情况 …………………………… (039)
二、2016 年财政支出预算执行情况 …………………………… (044)
第二节 2014—2015 年财政支出规模分析 …………………… (051)
一、2003 年以来安徽省财政支出规模 ………………………… (052)
二、2015 年安徽财政支出规模 ………………………………… (054)
三、2016 年安徽省财政支出规模 ……………………………… (056)
四、安徽省各市财政支出规模及增长情况 …………………… (057)
第三节 2015—2016 年财政支出结构分析 …………………… (060)
一、安徽省财政支出总体结构 ………………………………… (060)
二、2015—2016 年安徽省财政支出结构分析 ………………… (066)
三、安徽省财政支出结构优化 ………………………………… (070)
第四节 2017 年安徽省财政支出形势及政策前瞻 ………… (073)
一、2017 年安徽省财政支出形势 ……………………………… (073)
二、2017 年财政政策前瞻 ……………………………………… (075)
特别篇·安徽省财政支出之民生支出 ………………………… (080)
一、民生支出的概念 …………………………………………… (080)
二、安徽省"十二五"期间民生支出概况 ……………………… (080)
三、2016 年安徽省民生支出实现情况 ………………………… (081)
四、2017 年安徽省民生支出规划 ……………………………… (082)
第三章 安徽财政精准扶贫状态评价及建议 ………………… (085)
一、当前安徽财政促进精准扶贫的主要政策 ………………… (085)
二、安徽财政精准扶贫资金投入基本情况 …………………… (088)
三、安徽财政精准扶贫资金投入状态的基本评价 …………… (094)
四、进一步提升安徽省财政精准扶贫效率的建议 …………… (096)

第四章　安徽省公私合作的 PPP 模式实践与可持续发展研究 ……………………………………………… (100)
第一节　安徽省 PPP 模式发展状况分析 …………………… (100)
一、总体概览 ……………………………………………… (100)
二、地区情况 ……………………………………………… (102)
三、行业情况 ……………………………………………… (103)
四、PPP 项目实施阶段、运作方式及回报机制情况 …… (105)
第二节　安徽省 PPP 模式的困境与制约因素分析 ………… (108)
一、发展困境 ……………………………………………… (109)
二、制约因素 ……………………………………………… (111)
第三节　推进安徽省 PPP 可持续发展政策建议 …………… (113)
一、健全 PPP 模式法律法规体系 ……………………… (113)
二、强化政府公信力 ……………………………………… (113)
三、建立共赢的契约治理机制 …………………………… (114)
四、加强预算管理 ………………………………………… (115)
五、加强专业人才培养 …………………………………… (115)
第五章　2016 年安徽省政府债券发展情况分析 ………………… (117)
第一节　安徽省政府债券的发行 ……………………………… (117)
一、总体情况分析 ………………………………………… (117)
二、安徽省地方政府债券的发行特点 …………………… (119)
三、安徽省地方政府债券的发行情况分析 ……………… (119)
四、安徽省地方政府债券的期限结构分析 ……………… (125)
五、政策建议 ……………………………………………… (127)
第二节　安徽省政府债券的使用 ……………………………… (128)
一、安徽省地方政府债券资金的投向 …………………… (129)
二、安徽省政府债券使用可能存在的问题 ……………… (132)

三、以淮南市为例分析 2016 年新增地方政府债券收支情况 …… (133)
四、以安庆市为例分析 2016 年新增地方政府债券收支情况 …… (136)
五、以滁州市琅琊区为例分析 2016 年新增地方政府债券收支情况 …… (137)
六、解决途径 …… (138)
第三节 安徽省政府债券的偿还情况 …… (139)
第六章 安徽省税收收入质量报告 …… (143)
第一节 税收收入质量概述及指标分析 …… (143)
一、税收收入质量的含义 …… (143)
二、指标分析 …… (144)
第二节 安徽省税收收入质量评估 …… (146)
一、安徽省税收收入具体情况分析 …… (146)
二、理论税收收入实现程度 …… (151)
三、税收可持续增长能力的指标 …… (153)
第三节 安徽省各市各指标排名 …… (154)
一、税收收入情况具体分析 …… (154)
二、理论税收收入实现程度排名 …… (165)
三、税收可持续增长能力的指标 …… (168)
参考文献 …… (171)

第一章 安徽省财政收入分析

2015—2016 年是“十三五”规划的开局之年，也是深入推进结构性改革的攻坚之年。面对严峻的财政经济形势，安徽省上下积极落实“五大发展理念”，统筹推进“五位一体”和总体布局和“四个全面”战略布局，深入贯彻中央各项财政经济决策部署，有效发挥财政职能，加快推进财政体制改革和财政法治建设，强化财政收支预期管理，以结构调整促质量效益提升，以经济平稳运行促财源建设。

作为安徽经济在新常态下运行的关键一年，2015—2016 年安徽省各项财税政策呈现新常态，其所面临的内外环境、所承担的使命任务发生了深刻的变化。安徽省各级财政部门按照财政部和省委、省政府关于全面深化财税改革的部署要求，以重点突破带动整体推进，提高财政配置效率，有序推进各项财税改革，释放结构增长和经济效益空间。总体上，全省财政收入增长趋势与经济发展速度相趋近，逐步建立财政发展“新均衡”模式。

第一节 2015—2016 年财政总收入完成回顾

2015 年以来，中国经济下行压力比较明显，安徽省财税工作围绕着中央实施的相关宏观政策和结构转型改革展开，逐步适应经济发展“新常态”，总体财政经济行稳致远。在全面建成小康社会的决胜阶段，安徽省财政收入增长仍持续保持稳中有进，实现了“结构趋好、活力增强、质量提升”的财政收入可持续发展目标。

一、安徽省财政总收入概况

20 多年来，安徽省财政收入呈现持续快速增长态势，财政收入总量累计从 1994 年的 108.8 亿元增加到 2015 年的 4012 亿元，增长了 36.9 倍，其中，“十一五”和“十二五”财政收入总量累计快速增加（图 1-1），累计差额近万亿元，2016 年全省财政收入达到 4373 亿元，同比增长 9%。如图 1-2 所示。

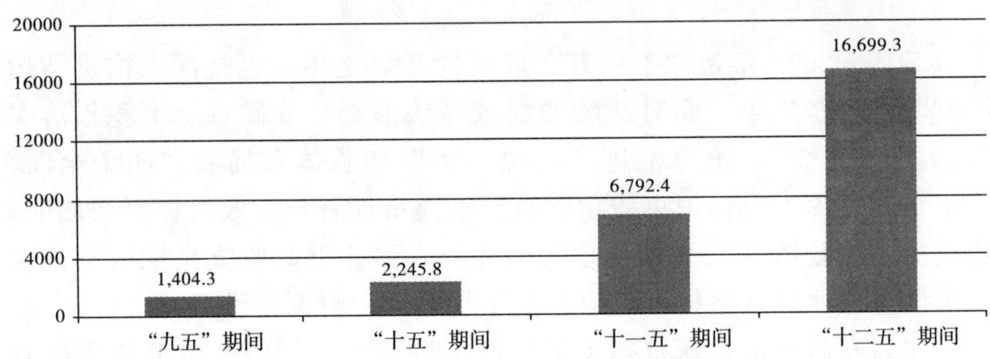

图 1-1 “九五”—“十二五”期间安徽省财政收入

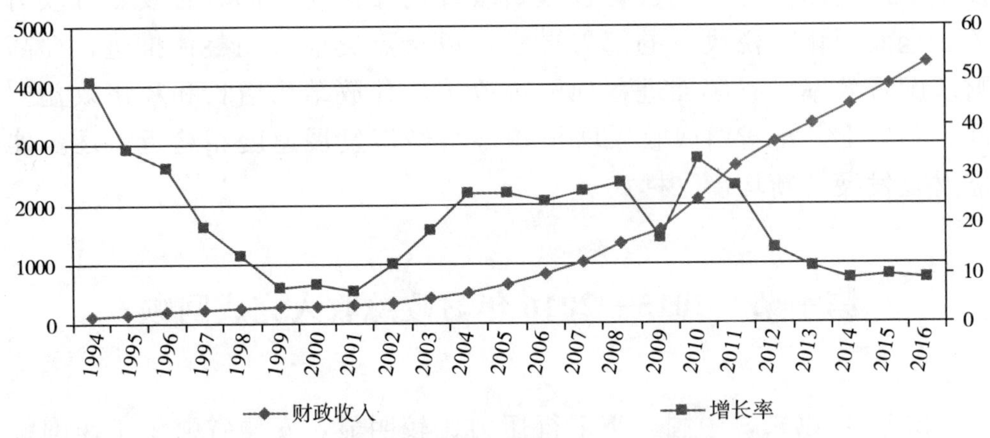

图 1-2 1994—2016 年安徽省财政收入及增长率

资料来源：根据历年《安徽统计年鉴》和安徽省统计局网站的相关资料汇总计算整理。

从绝对规模角度分析，1994 年以来，安徽省财政总收入持续增长，并在 2010 年达到 2063.8 亿元，开始突破 2000 亿元大关，2012 年突破 3000 亿元大关，2015 年突破 4000 亿元大关，“十二五”期间，财政收入由 2010 年的 2063.8 亿元增加到 2015 年的 4012 亿元，增长 94.4%，年均增长 14.2%。

从相对规模角度分析，1994—2001 年全省财政总收入增长率逐年下降，其中，1999 年之前降幅显著。2002—2004 年财政总收入增长率开始迅速回升，此后一直处于稳步增长状态，2009 年后受国内外经济冲击的影响，财政总收入增长率出现短暂的降幅，2010 年增长速度又再创历史新高，高达 33%。2011 年以后，增速开始大幅度回落，由 2011 年的 27.6%骤降至 2012 年的 14.9%，2014 年持续降低为 8.9%，继 1999 年后首次出现个位数增长状态，此后一直维持 10%以下的增速，2015 年增速为 9.5%，2016 年增速达到 9%。

二、1994 年分税制改革后安徽财政收入及增长情况

1994 年分税制是中国财政改革的分水岭。从安徽财政收入的绝对指标来看，1994 年后得益于财政体制红利的释放，安徽省财政总收入实现连年增长，其中，中央财政收入和地方财政收入也呈现逐年攀升的态势。尽管随着财税体制的不断改革和调整，财政总收入的内部格局也有略微变化，但总体上，中央财政收入占财政总收入比重相对稳定，大多维持在 40%～45%的区间水平内，2012 年后中央财政收入逐渐回落到 35%左右，地方财政收入占财政总收入比重大多维持在 52%～62%的区间水平内，2002 年实施所得税分享后地方财政收入比重逐年下降，直至 2005 年后又出现逐年回升态势。具体情况见表 1-1 所列。

表 1-1　1994—2016 年安徽省财政收入及增长情况

年份	财政收入（亿元）	增长率（%）	中央财政收入			地方财政收入		
			收入（亿元）	增长率（%）	占收入比（%）	收入（亿元）	增长率（%）	占收入比（%）
1994	108.8	48.6	54.1	—	49.7	54.7	—	50.3
1995	147.0	35.2	63.2	16.8	43.0	83.8	53.2	57.0
1996	193.1	31.4	78.5	24.2	40.7	114.6	36.8	59.3
1997	230.8	19.5	90.3	15.0	39.1	140.5	22.6	60.9
1998	262.1	13.5	102.9	14.0	39.3	159.2	13.3	60.7
1999	280.8	7.2	106.6	3.6	37.9	174.3	9.5	62.1
2000	290.4	8.0	111.7	4.8	38.5	178.7	2.5	61.5

（续表）

年份	财政收入（亿元）	增长率（%）	中央财政收入			地方财政收入		
			收入（亿元）	增长率（%）	占收入比（%）	收入（亿元）	增长率（%）	占收入比（%）
2001	309.5	6.6	117.4	5.1	37.9	192.2	7.6	62.1
2002	346.6	12.0	146.4	24.7	42.2	200.2	4.2	57.8
2003	412.3	18.9	191.5	30.8	46.5	220.7	10.2	53.5
2004	520.7	26.3	218.8	14.3	42.0	274.6	24.4	52.7
2005	656.5	26.1	277.0	26.6	42.2	334.0	21.6	50.9
2006	816.5	24.4	329.9	19.1	40.4	428.0	28.1	52.4
2007	1034.7	26.7	424.2	28.6	41.0	543.7	27.0	52.5
2008	1326.0	28.2	527.9	24.4	39.8	724.6	33.3	54.6
2009	1551.3	17.0	618.1	17.1	39.8	863.9	19.2	55.7
2010	2063.8	33.0	831.8	34.6	40.3	1149.4	33.0	55.7
2011	2632.8	27.6	1052.1	26.5	40.0	1463.6	27.3	55.6
2012	3026.0	14.9	1078.2	2.5	35.6	1792.7	22.5	59.2
2013	3365.1	11.2	1142.3	5.9	33.9	2075.1	15.8	61.7
2014	3663.0	8.9	1284.0	12.4	35.1	2218.4	6.9	60.6
2015	4012.1	9.5	1339.3	4.3	33.4	2454.2	10.6	61.2
2016	4373.0	9.0	1700.0	26.9	38.9	2673.0	8.9	61.1

注：中央财政收入与地方财政收入均指本级财政收入。2016 年中央财政收入是根据安徽统计局网站全部财政收入与地方财政收入相减得到。

资料来源：根据历年《安徽统计年鉴》和安徽统计局网站的相关资料汇总计算整理。

从相对指标来看，安徽省财政收入与 GDP 的变化轨迹体现为三个方面：第一，将财政收入增长率与 GDP 增长率进行对比分析，直观准确地反映安徽省几十年来财政总收入的变化。第二，利用财政收入占 GDP 的比重。财政收入占 GDP 的比重既可以反映财政的集中度，即在 GDP 初次分配中财政集中的比重，体现政府、企业与居民之间的国民收入分配格局；又可以反映财政能力与经济总量的匹配度，反映财政收入筹集是否做到合理征收，财政收入在经济总量中的配置比例是否适当。一般来说，随着政府职能的不断健全，财政收入占 GDP 的比重逐步提高，当政府职能趋于完善后，这一指标会基本保持稳定。第三，财政收入对 GDP 的弹性指标。即 GDP 变动一个百分点所带来的财政收入变动百分点数，着力反映财政收入与 GDP 是否同步及二者的协调程度，从弹性的角度可以清楚地了解财政收入变动的经济因素。

整体来看，如图 1－3 所示，1994—2016 年，安徽省财政总收入增长率基本高于 GDP 增长率。1994 年分税制改革后，财政总收入开始出现快速增长，增长率最高达 48.6%，但增长的趋势却呈现下降态势。1998 年后，受亚洲金融危机的外部影响，财政收入增长放缓，1999—2001 年财政收入增长率下降为 7.2%、8%和 6.6%。2002 年经济“软着陆”实现后，安徽省财政总收入增长率开始反弹，由 2001 年的 6.6%稳步上升为 2010 年的 33%，显著高于 GDP 增长率。2010 年后，安徽省经济发展下行压力突出，财政总收入增长速度放缓，两者差距进一步缩小，2012 年后，两者的运行轨迹逐渐拟合，甚至出现了财政总收入增长率低于 GDP 增长率的情况。2014 年，财政总收入增长率低于 10%，下降为 8.9%，2015 年，财政总收入同比增长 9.5%，比 GDP 增速仅高 0.8 个百分点。2016 年两者趋势趋近，相差 0.3 个百分点。

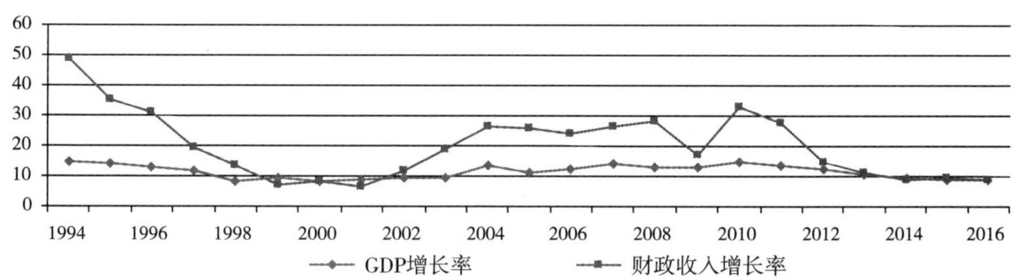

图 1－3　1994—2016 年安徽省财政收入增长率及 GDP 增长率的比较

注：这里的 GDP 增长率＝GDP 指数（上年＝100）－1。

资料来源：根据历年《安徽统计年鉴》和安徽统计局发布的相关资料汇总计算整理。

图 1－4 分析表明：1994—2011 年，安徽省财政总收入占 GDP 的比重呈现先逐步上升，2001 年和 2002 年略微下降，2003 年又逐渐回升并趋于稳定的状态。2003 年比重再次突破 10%，2008 年已突破 15%，2012—2014 年，该比重维持在 17.5%左右。在过去的 20 多年里，财政总收入占 GDP 的比重由 1994 年的 7.3%上升到 2015 年的 18.2%，2016 年为 18.1%。安徽省财政能力建设成效显著。

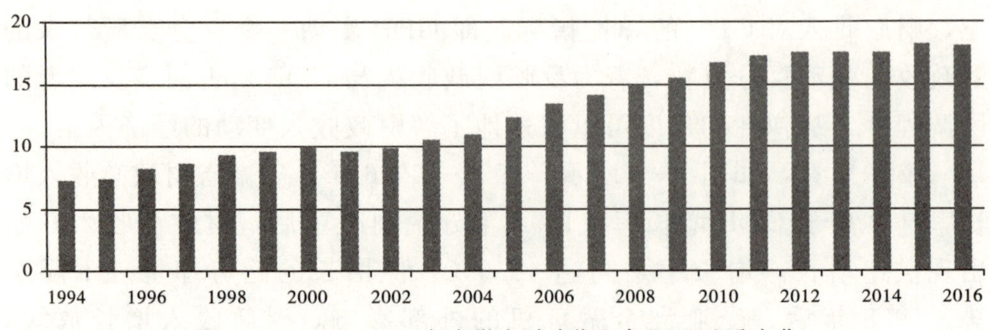

图 1-4 1994—2016 年安徽省财政收入占 GDP 比重变化

资料来源：根据历年《安徽统计年鉴》和安徽统计局网站的相关资料汇总计算整理。

从弹性指标的测度来看（图 1-5），总体上，安徽省财政收入对 GDP 的弹性一直大于 1，并围绕 1.5 上下波动。1994 年后，该弹性系数迅速上升，此后虽然出现下降，但 1998 年之前一直维持在 1.5 以上的水平上，1999 年后出现弹性小于 1 的情况，但这种趋势仅持续到 2001 年，2002 年后又开始上升。2003—2011 年间，该弹性系数稳定在 2 左右的水平上，2012 年后呈现稳中有降的趋势。近几年来，该弹性系数围绕 1 上下略微变动，表明安徽省财政收入的增长变动已经逐渐和经济增长保持了较为稳定的关系。

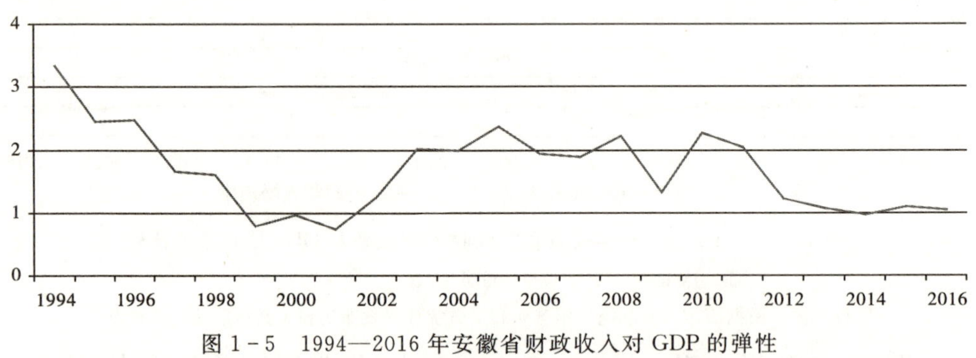

图 1-5 1994—2016 年安徽省财政收入对 GDP 的弹性

资料来源：根据历年《安徽统计年鉴》和安徽统计局网站的相关资料汇总计算整理。

第二节 2015—2016 年地方财政收入规模分析

2015—2016 年，在新常态经济背景下，安徽财政收入的常态“新均衡”——财政收入和经济增长的良性互动正在逐渐形成。地方财政收入规模的适度发展和人均财力的有效增长，为政府公共物品和服务供给提供了重要的保障。另有，区域财政整体向好，2015 年 13 个市财政收入超 100 亿元，64 个县（市、区）财政收入超 10 亿元。大别山革命老区、皖北三市九县和皖江示范区财政收入分别增长 7.9%、10%和 10.4%，区域发展的均衡性和协调性增强。

一、2015 年安徽省地方财政收入规模

2015 年，安徽省财政收入累计完成 4012 亿元，为年初汇编预算数的 100.9%，比上年同比增长 9.5%。其中：地方财政收入完成 2454.2 亿元，增长 10.6%。在全部财政收入中，税收收入 3311 亿元，增长 6.6%，其中增值税增长 5.2%、营业税增长 8.7%、企业所得税增长 7.7%。在地方财政收入中，税收总收入 1799.8 亿元，比上年同期增加 107.3 亿元，增长率为 6.3%；非税总收入 654.4 亿元，比上年同期增加 128.5 亿元，增长率为 24.4%。

2015 年，安徽省财政收入月增长速度呈现波动状态。平均来看，全省财政月均收入规模 334.3 亿元，收入增速与经济增速基本同步，增幅保持在合理区间。地方财政收入中税收占比为 73.3%，较去年有所下降。表 1-2 中的数据显示了 2015 年 1—12 月安徽省地方财政收入完成情况。整体来看，同期增长率波动较大，除 3、12 月份出现负增长外，其余月份基本保持增长状态，多数月份都实现两位数增长，最高同比增幅达到 21.5%，月均增长率达到 10.6%。从季度增长来看，第二和第三季度都表现出较好的增长态势，尤其是第三季度，地方财政收入增长强劲。

表 1-2　2015 年 1—12 月安徽省地方财政收入及其增长

月份	2015 年财政收入（亿元）	2014 年财政收入（亿元）	同期增加额（亿元）	同期增长率（%）
1	290.0	251.1	38.9	15.5
2	188.0	174.6	13.4	7.6
3	193.5	205.4	−11.9	−5.8

（续表）

月份	2015 年财政收入（亿元）	2014 年财政收入（亿元）	同期增加额（亿元）	同期增长率（%）
4	230.2	197.8	32.4	16.4
5	205.6	187.7	17.9	9.5
6	228.9	202.4	26.5	13.1
7	227.7	199.1	28.6	14.3
8	175.6	149.3	26.3	17.6
9	191.6	157.6	34.0	21.5
10	212.7	184.9	27.8	15.1
11	168.3	147.2	21.1	14.3
12	142.2	160.8	−18.6	−11.8

资料来源：根据安徽省统计局网站有关数据整理编制。

图 1-6 反映的是 2015 年 1—12 月安徽省地方财政收入同比增长情况。2015 年 1—12 月，累计实现地方财政收入 2454.2 亿元，比上年同期增长 10.6%。与 2014 年的财政形势不同，2015 年各月同比增长率高于 2014 年。在财政运行路径上，2014 年地方财政收入增长高峰集中在前两个季度，但是，2015 年增长高峰集中在一、二、三季

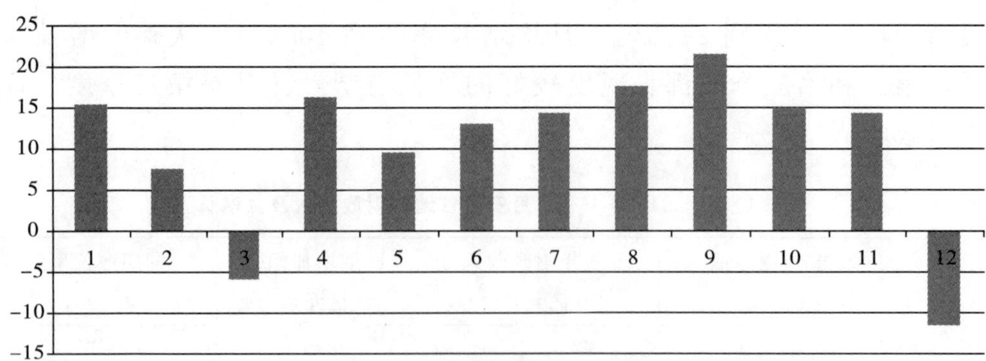

图 1-6　2015 年 1—12 月安徽省地方财政收入同比增长情况

资料来源：根据安徽省财政厅和安徽省统计局网站有关数据整理编制。

度，且第四季度增长较2014年形势也更为乐观，直观地反映出安徽地方财政收入逐渐适应了经济发展的基本轨迹，并做出了积极应对的调整，取得了一定的成效，收入增长轨迹大体符合经济发展的速度，总量呈现稳定态势。

二、2016年1—12月安徽省地方财政收入规模

2016年，安徽省财政总收入完成4373亿元，增长9%，其中地方财政收入2673亿元，比上年同期增长8.9%。在地方财政收入中，1—12月份税收收入累计完成1745.6亿元，比上年同期增长4.3%，税收收入增速减缓；非税总收入累计完成735.8亿元，比上年同期增长15.3%。

表1-3的数据显示了2016年1—12月各月的安徽省地方财政收入完成情况。整体来看，2016年地方财政收入增长较2015年有下滑趋势。除1、3、4、5、9和12月外，其他月份同期增长率均保持个位数增长，且增长速度较低，2、6、10月还出现了负增长。分季度来看，第三季度整体保持增长态势，第四季度各月增速波动过大。归纳而言，地方财政收入的总体规模渐趋稳定。

表1-3 2016年1—12月安徽省地方财政收入及其增长

月份	2016年财政收入（亿元）	2015年财政收入（亿元）	同期增长额（亿元）	同期增长率（%）
1	331.9	290.0	41.9	14.5
2	186.8	188.0	−1.2	−0.6
3	225.8	193.5	32.3	16.7
4	259.5	230.2	29.3	12.7
5	238.5	205.6	32.9	16.0
6	219.2	228.9	−9.7	−4.2
7	237.2	227.7	9.5	4.2
8	191.5	175.6	15.9	9.1
9	214.8	191.6	23.2	12.1

（续表）

月份	2016 年财政收入（亿元）	2015 年财政收入（亿元）	同期增长额（亿元）	同期增长率（%）
10	205.9	212.7	−6.8	−3.2
11	170.4	168.3	2.1	1.2
12	191.4	142.2	49.2	34.6

资料来源：根据安徽省财政厅和安徽省统计局网站有关数据整理编制。

图 1－7 反映的是 2016 年 1—12 月安徽省地方财政收入的同比增长率。累计来看，其中 1—12 月份地方财政收入 2673 亿元、比上年同期增长 8.9%，安徽省地方财政收入总体规模呈现稳定增长态势，增速放缓，随着经济结构调整渐入“深入区”，财政常态特征越发明朗化。

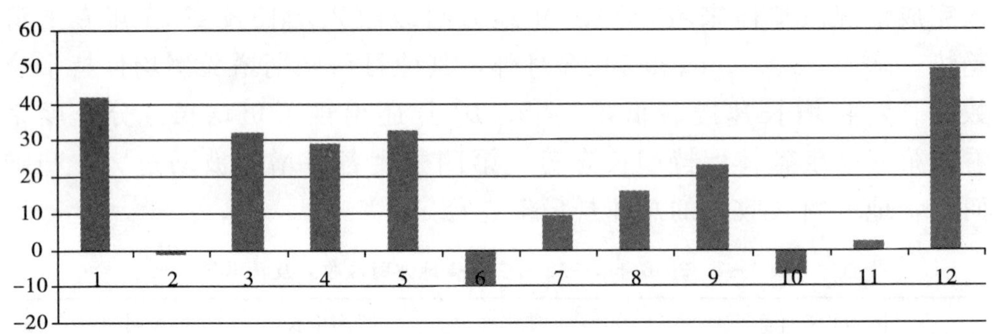

图 1－7　2016 年安徽省地方财政收入同比增长情况

资料来源：根据安徽省财政厅和安徽省统计局网站有关数据整理编制。

表 1－4 反映的是 2016 年 1—11 月安徽省各市全部财政收入的同期增长情况。整体来看，除淮北外，其他地市的全部财政收入均呈现增长状态，亳州、宿州、蚌埠、阜阳和滁州的同期增长率连续两年都维持在 10%以上。与 2015 年相比，2016 年 1—11 月 8 个地市的全部财政收入同期增长率呈现下降趋势，其中，安庆下降趋势最为明显，同期增长率下降 8.1 个百分点。有 6 个地市的增长幅度较 2015 年呈现上升的态势，但同期增速比较相差不大，其中，黄山的增幅最为显著，同期增长率比上年提高 4.2 个百分点。

不同地市的财政收入增长状况取决于不同的经济结构布局，在经济全面转型的现实背景下，伴随着税制改革的推进，各地市财源建设也各具差异。

表 1－4 2016 年安徽省各市全部财政收入

地区	1—11 月全部财政收入（亿元）	比上年同期增长率（%）	上年同期增幅（%）	同期增速比较
安徽省	4068.0	8.9	10.8	－1.9
合肥	1057.3	12.0	14.6	－2.6
淮北	89.8	－0.9	1.8	－2.7
亳州	137.2	14.1	12.3	1.8
宿州	129.0	11.3	10.1	1.2
蚌埠	236.6	10.0	11.1	－1.1
阜阳	209.1	13.8	10.7	3.1
淮南	141.2	3.8	3.8	0.0
滁州	230.8	11.0	13.7	－2.7
六安	138.6	9.5	7.2	2.3
马鞍山	205.8	6.1	4.8	1.3
芜湖	474.9	9.0	11.3	－2.3
宣城	181.5	8.0	8.0	0.0
铜陵	141.4	6.0	3.8	2.2
池州	92.6	4.4	6.8	－2.4
安庆	248.9	7.0	15.1	－8.1
黄山	91.2	7.0	2.8	4.2

资料来源：安徽省财政厅和安徽省统计局网站有关数据整理编制。

表 1－5 反映的是 2016 年 1—11 月安徽省各市地方财政收入的同期增长情况。整体来看，除淮北和池州外，其他所有地市的地方财政收入均呈现增长状态，其中，安庆地方财政收入比上年同期增长 26.1%。与 2015 年相比，2016 年多数地市的地方财政收入同期增长率呈现下降趋势，淮北同期增速比较为－15.4%，仅有淮南、铜陵和安庆等地市同期增速比较为正值，较 2015 年呈现上升的态势。

表 1-5 2016 年安徽省各市地方财政收入

地区	1—11 月全部财政收入（亿元）	比上年同期增长率（%）	上年同期增幅（%）	同期增速比较
全省	2481.4	7.3	12.4	−5.1
合肥	585.1	7.6	15.4	−7.8
淮北	57.5	−3.4	12	−15.4
亳州	79.7	5.5	12.6	−7.1
宿州	87.8	9.6	13.1	−3.5
蚌埠	127.2	6.5	18.8	−12.3
阜阳	121.9	9.9	15.6	−5.7
淮南	90.2	8.5	1.1	7.4
滁州	150.7	14.7	17.9	−3.2
六安	87.9	1.3	10.5	−9.2
马鞍山	129.5	5	12	−7
芜湖	277.5	11	13.9	−2.9
宣城	124.6	6.8	8.7	−1.9
铜陵	74.9	6.8	4.1	2.7
池州	66.9	−1.1	7.5	−8.6
安庆	117	26.1	2.9	23.2
黄山	70.2	4.6	7.3	−2.7

资料来源：安徽省财政厅和安徽省统计局网站有关数据整理编制。

三、安徽省各地市地方财政收入及人均地方财政收入

为了直观地衡量并反映安徽省各地市财政收入的基本情况，政府财政收入既可以选择总量指标，也可以选择人均指标。总量指标主要体现为各地方政府聚集财政收入的整体能力；人均指标是在结合本地区人口状况的基础上，判断人均公共物品供给能力的大小。鉴于此，利用更加科学的指标体系，进而对经济运行质量进行更为真实准确的衡量、评价，正确认识各地市地方财政收入以及人均地方财政收入的差异状况显得极为重要。同时，从安徽省各地市财政

收入的发展布局来看，市级层面的财政收入与县级层面的财政收入度量同样重要。

表 1-6 列示了 2015 年安徽省各地市地方财政收入及人均地方财政收入。整体来看，区域财政布局基本没有变化。合肥市地方财政收入依旧位居安徽省之首，遥遥领先其他城市，芜湖市次之，滁州市位列第三，宣城市、马鞍山市、阜阳市、蚌埠市、安庆市和六安市依次紧跟其后，并均破百亿。

图 1-8 描述的是安徽省地方财政收入的构成情况，即各市地方财政收入具体占比，其中，合肥市地方财政收入占比达到 26%。

表 1-6　2015 年安徽省各地市地方财政收入及人均地方财政收入

地区	地方财政收入（亿元）	人均地方财政收入（元）	人均生产总值（元）
合肥市	571.5	7336.8	73102
淮北市	60.2	2763.0	35057
亳州市	81.4	1612.9	18771
宿州市	86	1552.0	22415
蚌埠市	119.7	3636.8	38267
阜阳市	120	1518.7	16121
淮南市	77.3	2252.9	26398
滁州市	143.7	3577.2	32634
六安市	103.3	2178.8	21524
马鞍山市	130.8	5782.0	60802
芜湖市	263.5	7210.3	67592
宣城市	131.6	5076.3	37610
铜陵市	66.8	4195.3	57387
池州市	71.3	4964.3	38014
安庆市	106.6	2324.4	31101
黄山市	71.6	5212.3	38794

资料来源：根据《2016 年安徽省统计年鉴》、安徽省财政厅和安徽省统计局网站有关数据整理编制。

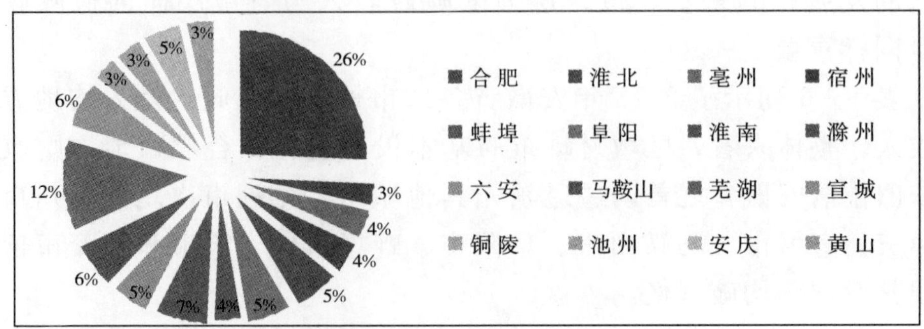

图 1-8　2015 年安徽省地方财政收入的构成情况

资料来源：《2016 年安徽省统计年鉴》

2015 年安徽省各市人均地方财政收入如图 1-9 所示。

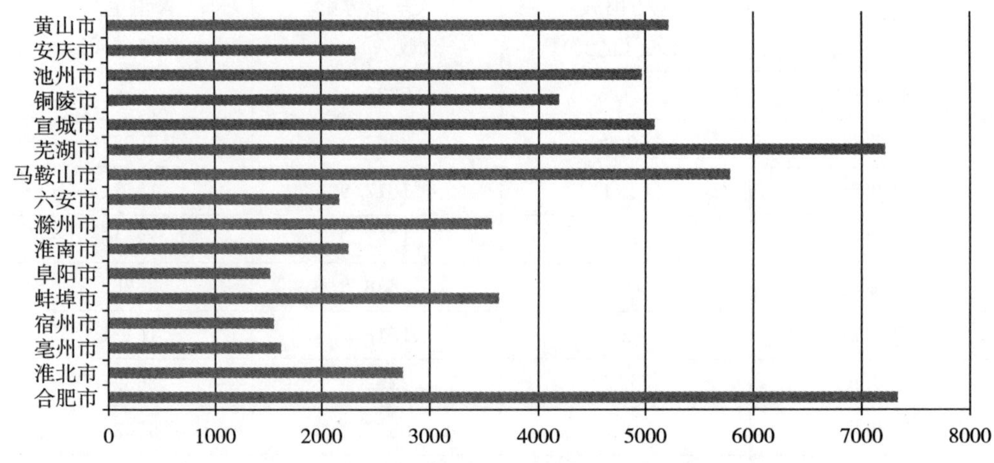

图 1-9　2015 年安徽省各市人均地方财政收入

资料来源：根据《2016 年安徽省统计年鉴》和安徽省统计局网站有关数据整理编制。铜陵市由于行政区划调整，因此，2015 年与 2014 年相比波动较大。

分区域来看，皖南地区人均地方财政收入一般高于皖北，皖南区域中的黄山市、宣城市、芜湖市、池州市和马鞍山市平均人均财政收入达到 5445.6 元，在一定程度上说明了皖北地区的财政能力和经济发展水平相对薄弱，安徽省地方财源建设区域非均衡性特征显著。

从各市情况来看，合肥市、芜湖市人均地方财政收入分列安徽省第一、二位。其中变化比较大的是铜陵市，2014 年，虽然铜陵市地方财政收入只有 66 亿元，位列安徽省第十五位，但人均地方财政收入却很高，以8983元位居安徽省榜首，2015年，铜陵由于区划调整，人均地方财政收入下降为4195.3元。相比而言，阜阳市的地方财政收入虽已破百亿，但受其人口数量影响，人均地方财政收入仅为1518.7元，2000元以下的还有亳州和宿州市。

表1-7反映了2015年安徽省各县财政收入增长率（10%以上）及排名情况，33个县域财政收入增长率超过10%，表明安徽县域财政增长潜力比较强劲，但增长趋势呈现“梯度状态”。其中，30%以上的增长率有2个，太和县的财政收入增长率高达36.5%，金寨县以34.1%位列安徽省第二位。20%～30%增长区间的有3个，即五河、寿县和固镇。15%～20%之间的有14个县域，10%～15%增长区间的有14个。除此之外，休宁县、霍山县、桐城市、霍邱县和枞阳县六个县域的财政收入增长率为负，依次为－3.4%、－4%、－6%、－14.1%、－16.8%和－19.6%。

表1-7　2015年安徽省各县财政收入增长率（10%以上）及排名情况

地区	财政收入增长率（%）	排名	地区	财政收入增长率（%）	排名
太和县	36.5	1	黟县	16.0	18
金寨县	34.1	2	全椒县	15.1	19
五河县	25.2	3	颍上县	14.8	20
寿县	24.7	4	天长市	14.5	21
固镇县	20.2	5	怀远县	14.4	22
凤阳县	19.0	6	濉溪县	13.6	23
明光市	18.9	7	广德县	13.4	24
临泉县	18.8	8	南陵县	13.3	25
萧县	18.8	9	界首市	12.9	26
灵璧县	18.5	10	肥西县	12.8	27
舒城县	18.4	11	长丰县	12.8	28
和县	18.1	12	宁国市	12.1	29
泗县	17.6	13	利辛县	11.9	30
无为县	17.1	14	砀山县	11.8	31

（续表）

地区	财政收入增长率（%）	排名	地区	财政收入增长率（%）	排名
阜南县	17.0	15	泾县	11.5	32
繁昌县	16.7	16	郎溪县	10.4	33
定远县	16.2	17	—	—	—

资料来源：《2015 年安徽省统计年鉴》中各县市财政收入表整理得来。

注：表中排名的前后顺序是依照财政收入增长率的排名，从低到高排列。

由表 1－8 可见，2015 年安徽省县域财政收入超过 10 亿元的有 40 个，反映各县域财政收入的总体实力增强，肥西县和繁昌县位居第一和第二，其财政收入分别为 37.4 亿元和 30.6 亿元。20 亿元～30 亿元之间的有 8 个县，15 亿元～20 亿元之间有 11 个县，15 亿元以下的有 19 个。2015 年五河县、萧县、舒城县、含山县和固镇县财政收入突破 10 亿元，2014 年霍山县财政收入为 10.1 亿元，2015 年降为 9.8 亿元。整体来看，县域财政收入布局直观地说明了安徽省县域财政能力差异过大，经济发展不平衡。

表 1－8　2015 年安徽省各县财政收入（超过 10 亿元）及排名状况

地区	财政收入（亿元）	排名	地区	财政收入（亿元）	排名
肥西县	37.4	1	蒙城县	15.8	21
繁昌县	30.6	2	和县	14.9	22
长丰县	27.8	3	铜陵县	14.5	23
当涂县	27.8	4	全椒县	14.4	24
芜湖县	26.1	5	桐城市	14.2	25
肥东县	25.1	6	定远县	12.3	26
宁国市	24.5	7	利辛县	12.3	27
天长市	23.5	8	来安县	12.1	28
无为县	21.9	9	霍邱县	11.9	29
广德县	21.3	10	涡阳县	11.8	30
凤台县	18.7	11	五河县*	11.8	31

（续表）

地区	财政收入（亿元）	排名	地区	财政收入（亿元）	排名
南陵县	18.4	12	青阳县	11.6	32
巢湖市	17.9	13	泾县	11.5	33
怀远县	17.3	14	怀宁县	11.4	34
郎溪县	17.2	15	萧县*	11.3	35
庐江县	16.9	16	界首市	11.3	36
颍上县	16.3	17	歙县	11.0	37
凤阳县	16.2	18	舒城县*	10.7	38
濉溪县	16.2	19	含山县*	10.3	39
太和县	16.1	20	固镇县*	10.1	40

资料来源：《2016 年安徽省统计年鉴》中各县市财政收入表整理得来。

注：表中 * 标注的是 2015 年新进入 10 亿元的县。

表 1-9 反映各县人均财政收入情况，人均财政收入 2000 元以上的县有 27 个，其中，繁昌县人均财政收入位列榜首，高达 10971.8 元，最低的是巢湖市，人均财政收入以 2078.9 元位列第 27 位，两者差距极为显著。在 27 个县域中，3000 元以下的有 11 个，3000～4000 元之间有 9 个，4000～10000 元之间有 6 个，分别为芜湖县、宁国市、当涂县、郎溪县、肥西县和广德县。

表 1-9　2015 年安徽省各县人均财政收入（超过 2000 元）及排名状况

地区	财政收入（元）	排名	地区	财政收入（元）	排名
繁昌县	10971.8	1	泾县	3238.3	15
芜湖县	7547.7	2	全椒县	3141.3	16
宁国市	6352.7	3	祁门县	2847.9	17
当涂县	5862.1	4	和县	2759.6	18
郎溪县	4972.2	5	霍山县	2692.0	19
肥西县	4663.1	6	休宁县	2675.1	20
广德县	4104.7	7	凤台县	2515.4	21
青阳县	3983.4	8	来安县	2456.9	22

（续表）

地区	财政收入（元）	排名	地区	财政收入（元）	排名
绩溪县	3966.8	9	肥东县	2385.0	23
天长市	3713.6	10	含山县	2329.6	24
长丰县	3670.4	11	歙县	2316.8	25
黟县	3591.5	12	凤阳县	2118.1	26
南陵县	3335.5	13	巢湖市	2078.9	27
旌德县	3263.9	14	—	—	—

资料来源：《2016 年安徽省统计年鉴》中各县市财政收入表整理得来。

第三节 2015—2016 年地方财政收入结构分析

一、中央财政收入与地方财政收入

1994 年的中国分税制改革开启了纵向政府间收入划分的新篇章，遵循分税原则，我国总体建立了中央税、地方税和中央地方共享税的分税格局，并初步完善了中央税收和地方税收体系，实行分税、分征和分管的制度模式。分税制改革后，安徽省在中央统一领导下有效推进各项财税制度改革，动态调整央、地两级财政收入，随着税收政策的逐步优化和重大税制改革的积极推进（表 1－10），如所得税分享改革、个别税种分享比例调整、出口退税负担机制改革、成品油税费改革、“营改增”及房地产改革，分税分成框架下安徽中央、地方两级的财政收入布局也处于变化之中。

表 1－10 分税制改革后重大财税体制改革进程

时间	改革对象	主要的调整内容
1994 年	分税制改革	中央税、地方税；出口退税除地方已经负担的 20％部分外，以后全部由中央财政负担；共享收入（增值税）等
2002—2003 年	所得税分享改革	中央与地方分成（50：50）（2002 年）； 分成比例（50：50→60：40）（2003 年后）

（续表）

时间	改革对象	主要的调整内容
2002—2005 年	出口退税负担机制改革	调整出口退税率（2003 年）；中央和地方的超基数分成（75：25）（2004 年）；超基数分成（92.5：7.5）（2005 年）
2005—2011 年	个人所得税	免征额 1600 元（2006 年）→2000 元（2008 年）→3500 元（2011 年）；税率档次（9→7）（2011 年起）
2006—2009 年	消费税	部分税目税率（2006 年）；汽车消费税改革（2008 年）；成品油消费税改革（2009 年）；烟产品消费税改革（2009 年）
2012—2014 年	“营改增”	上海试点（“1＋6”）（2012 年）；全国试点（“1＋7”）（2013 年）； 铁路运输、邮政服务业和电信业试点（“2＋7”→“3＋7”）（2014 年）
2012 年	跨省市总分机构企业所得税分配	总机构、各分支机构分享比例为 25％、50％，25％各地按一定标准分配
2016 年	营改增试点后中央与地方增值税收入划分	5 月 1 日全面推开《营改增试点后调整中央与地方增值税收入划分过渡方案》，明确以 2014 年为基数核定中央返还和地方上缴基数，所有行业企业缴纳的增值税均纳入中央和地方共享范围，中央分享增值税的 50％，地方按税收缴纳分享增值税的 50％，过渡期暂定 2 年至 3 年

资料来源：根据财政部网站的相关数据整理得来。

理论上，中央与地方财政关系的调整直接关系到地方财政筹划问题。地方财政收入是财政支出的重要资金来源，是实现地方政府职能的根本保证，更是地方经济文化建设、科学、国防、行政、外交等各项经费的供给保障；在支援老少边穷地区、调节各级地方预算和救济地方重大自然灾害等方面，也发挥着不可替代的作用。地方财政收入与中央财政收入相对应，是指地方财政年度收入，包括地方本级收入、中央税收返还和转移支付。

1994 年税制改革以来我省中央和地方财政收入划分情况参考表 1－1。为了对财政收入划分情况有一个更直观的了解，可参见图1－10。

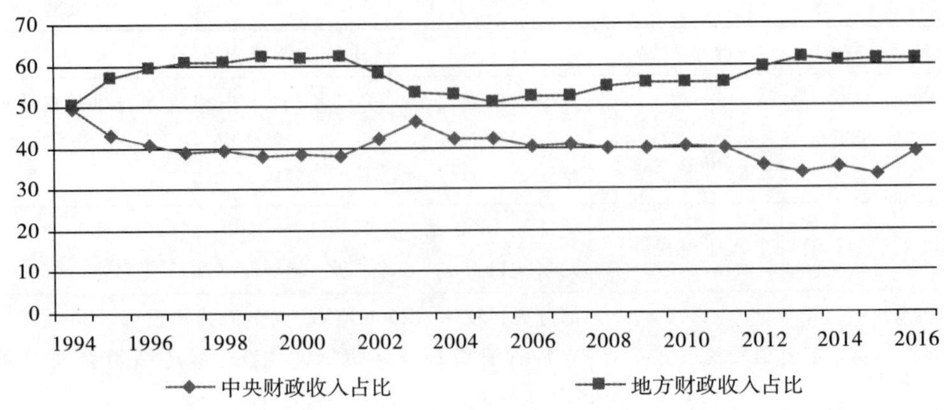

图 1-10　1994—2016 年安徽财政收入中中央和地方占比

资料来源：《2016 年安徽省统计年鉴》和安徽省统计局网站的相关数据整理得来。

1994 年分税制改革以来，中央和地方财政收入实现连年递增目标，总体上较为稳定，其中，中央财政收入占比在 40%上下波动；地方财政收入占比在 55%上下波动，2013—2016 年均突破了 60%。

二、安徽省地方财政收入结构

地方财政收入按征收形式划分，主要包括税收收入和非税收入两部分。关于税收收入与非税收入的结构分析主要涉及三个重要的方面：一是合理配置税收收入与非税收入，税收收入是规范税种所形成的具有合理经济预期的财政收入形式，而非税收入则是受益原则导向下具有灵活性的收入形式，如何取舍取决于地方经济发展及其财政的治税理念。二是要从各税种布局出发，着力探究税收收入的内部结构配置问题。三是判断非税收入的内部结构布局是否具有合理性。

分析安徽省地方财政收入结构特征是优化收入结构的前提。安徽地方财政收入结构反映了安徽财政资金的不同来源、规模和所采取的不同形式，同时也反映了一定时期内财政收入政策调节的目标、重点和力度。将地方财政收入作为整体结构来分析，一方面把握各种财政收入来源之间的有机联系，使它们保持恰当的比例关系，推进财政收入结构优化；另一方面也便于有的放矢地加强财政收入的宏观调节，实现利益的兼顾分配，以促进经济发展。

1994 年分税制改革后，地方税收收入主要包括营业税（不含铁道部门、各银行总行、各保险公司总公司集中交纳的营业税）、城市维护建设税（不含铁道部门、各银行总行、各保险公司总公司集中交纳的部分）、房产税、城镇土地使用税、车船税、契税、土地增值税、印花税、耕地占用税等税种。除此之外，资源税中海洋石油企业缴纳的部分归中央政府，其余部分归地方政府；增值税除在进口环节由海关负责征收以外，25％的增值税属于地方政府；铁路运输、国家邮政、四大国有商业银行、三家政策性银行、中石化及中海油等企业所缴纳的所得税不参与共享，其他企业 40％的所得税划归地方政府；证券交易印花税的 3％划归地方政府。其后，见表 1－10 所列，由于财政体制的局部改革，地方税收收入的税种布局也发生了重要的变化。最为突出的表现是“营改增”全面推行后增值税作为共享税的主要税种作用再度加强。

非税收入是地方政府财政收入的重要组成部分，是除税收以外，由各级政府、国家机关、事业单位、代行政府职能的社会团体及其他组织依法利用政府权力、政府信誉、国家资源、国有资产或提供特定公共服务、准公共服务取得的财政性资金。主要包括政府型基金、专项收入、行政事业性收费、罚没收入、国有资本经营收益、国有资产（资源）有偿使用收入和其他收入（捐赠等）。另外，彩票公益金收入也是非税收入管理范畴。

（一）2015—2016 年安徽省地方财政收入结构

1994 年分税制改革以来，在安徽省地方财政收入中，税收收入和非税收入总量逐年递增。1999 年后，全省财政部门预算、国库集中支付制度、收支“两条线”等预算管理的规范化程度不断提高，尤其是 2003 年后收入完整性和透明化进程加快，各项非税收入逐步进入财政视野，这也是非税收入比重提升的重要内因。尽管如此，税收收入始终处于主导地位，2003 年以前，税收收入占比多数在 80％以上；2003 年以后，税收收入占比为 75％左右，非税收入占比为 25％左右，如图 1－11 所示。

2015 年安徽省地方财政收入总额为 2454.2 亿元，增长 10.6％。

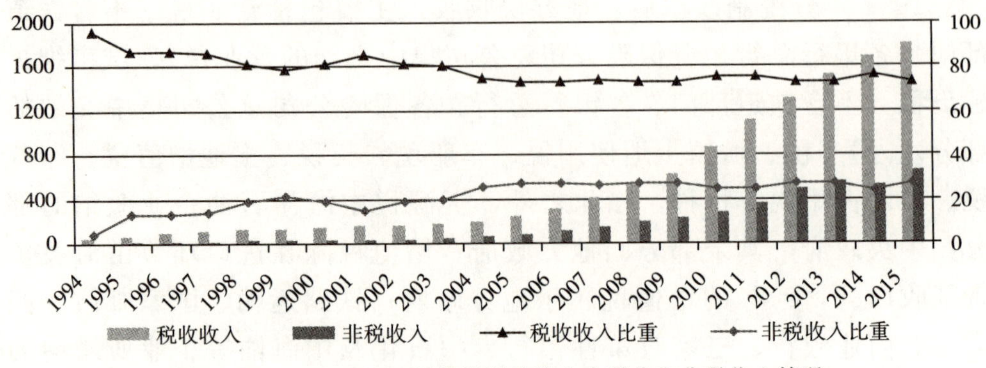

图 1-11 1994—2015 年安徽财政收入中税收和非税收入情况

资料来源：《2016 年安徽省统计年鉴》

其中税收总收入 1799.8 亿元，比上期同期增长 6.3%，占地方财政收入比重为 73.3%；非税总收入 654.4 亿元，比上年同期增长 24.4%，占地方财政收入比重为 26.7%。如图 1-12 所示。

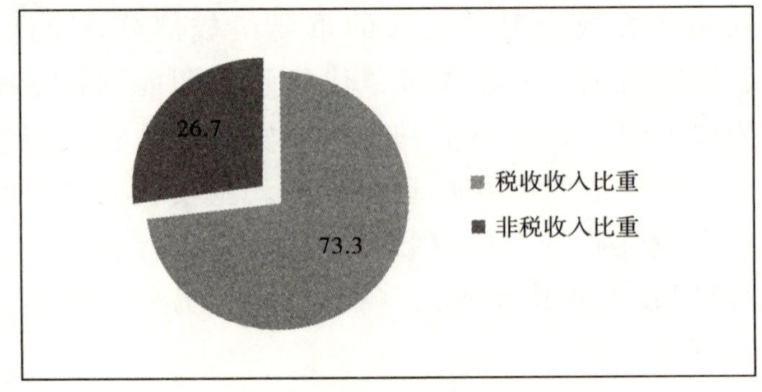

图 1-12 2015 年安徽地方财政收入结构

资料来源：《2016 年安徽省统计年鉴》。

2016 年安徽省 1—11 月财政收入总额达到 4068 亿元，同比增长 8.9%，其中，地方财政收入完成 2481.4 亿元，增长 7.3%。地方财政收入中，税收收入 1745.6 亿元，比上年同期增长 4.3%，占地方财政收入比重为 70.3%；非税收入 735.8 亿元，比上年同期增长 15.3%，占地方财政收入比重为 29.7%。如图 1-13 所示。

（二）税收收入结构

随着多项结构性减税政策的不断推进，安徽省地方税收收入的内部结构也发生了变化。表 1-11 所列的是 2015 年安徽省地方税收总收

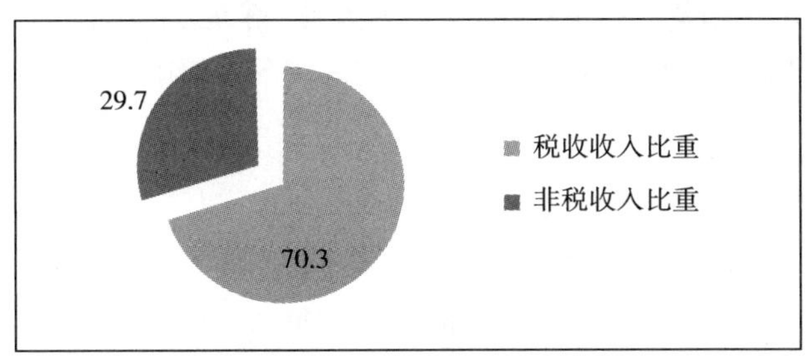

图 1－13　2016 年安徽地方财政收入结构

资料来源：根据安徽省统计局网站有关数据（1—11 月份）整理编制。

入以及各地方税主体税种的收入完成情况。

表 1－11　2015 年安徽地方税总收入和各税种收入

税种	收入（亿元）	比上年增加（亿元）	增长率（%）	占税收收的比重（%）
税收总收入	1799.9	107.4	6.3	—
增值税	273.1	12.6	4.8	15.2
营业税	586.8	46.8	8.7	32.6
企业所得税	235.6	17.3	7.9	13.1
个人所得税	53.1	1.0	1.9	3.0
资源税	20.6	－0.2	－1.1	1.1
城市维护建设税	106.1	8.1	8.2	5.9
房产税	46.2	7.5	19.5	2.6
印花税	21.6	0.7	3.5	1.2
城镇土地使用税	133.0	32.7	32.5	7.4
土地增值税	90.4	－6.3	－6.5	5.0
车船税	14.8	2.0	15.7	0.8
耕地占用税	45.1	9.4	26.2	2.5
契税	172.5	－23.1	－11.8	9.6

资料来源：根据《2016 年安徽省统计年鉴》相关资料整理。

通过对表 1－11 中数据的观察，以及与往年数据的比较，可以发现：

其一，在税收收入与非税收入占比相对稳定的状态下，税收收入占比有所下降。2012、2013、2014 年安徽省地方税收收入占地方财政收入的比重分别为 72.8%、73.3%、76.3%，相应比上年同期分别提高 2.9、0.5、3 个百分点，但 2015 年由于非税收入上升显著，税收收入占比为 73.3%。

其二，税收收入增速逐渐放缓。时间序列数据反映，2012、2013、2014 年地方税收总收入同比增加额分别为 196.8、215.1、172.3 亿元，同期增长率分别为 17.8%、16.5%、11.3%，2015 年增加额为 107.4 亿元，同期增长率仅为 6.3%。所以，无论从增加额方面比较，还是从增长速度方面分析，2015 年安徽省税收收入增长速度持续放缓，且放缓幅度比 2014 年更大。横向来看，2012—2015 年全国税收总收入同比增长率分别为 12.1%、10.1%、8.8%、4.8%，相应地比安徽省低 5.7、6.4、2.5、1.5 个百分点。在全面深化改革的关键时期，安徽省在严峻的经济形势中取得了较好成绩。但税收工作仍要攻坚克难，积极调整税收结构，以应对经济下行的压力。

其三，税收收入结构基本维持原有格局，主体税种贡献仍然突出。2013、2014、2015 年商品课税中增值税与营业税的比重分别为 47.8%、47.3%、47.8%，基本保持稳定；所得税收入的比重分别为 15.4%、16%、16.1%，略有上升。这四大税种（增值税、营业税、企业所得税、个人所得税）的地位依旧凸显，共占税收收入的比重高达 63.8%。此外，契税在税收收入中也占有相对较大的份额，2015 年为 9.6%，相比于 2014 年的 11.6%，略有下降。

2015 年，安徽税收收入来源结构有所变化，地方税各税种的具体分析如下（图 1 - 14）：

1. 增值税。2015 年安徽省增值税增长速度呈下降趋势。2014 年、2015 年增值税收入分别为 260.5 亿元、273.1 亿元，增加额分别为 36.0 亿元、12.6 亿元，相应同比增长率为 16.1%、4.8%，增值税在增加额和增长速度方面均有所下降。

增速下降的根本原因主要来自税制完善所带来的减税效应以及经济下行所引致的税基缩减，具体有以下原因：其一，“营改增”的全面推进，进一步释放减税空间。增值税进项税额抵扣链条更加完整，企

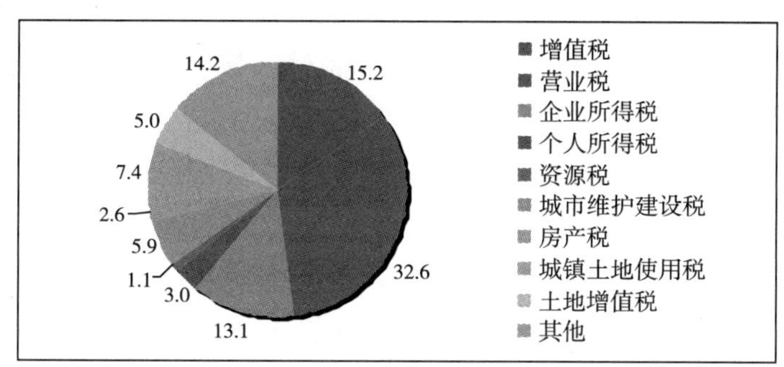

图 1－14 2015 年安徽省税收收入结构图

资料来源：根据《2016 年安徽省统计年鉴》相关资料汇总计算整理。

业可抵扣的进项增加，增值税的减税效应一直持续。其二，虽然汽车和家电等部分优势行业再度回暖，但总体上 13 个行业低于全国平均水平。全年 40 个工业大类行业中有 13 个增加值增速低于全国平均水平，其中，烟草、石油、食品、煤炭及农副食品业分别比全国低 4.6、4.2、2.8、1.9 和 0.8 个百分点。其三，大型企业生产延续 2014 年的下滑态势，持续走低。全年大型企业增加值增长 4.5%，增幅比全部规模以上工业低 4.1 个百分点，比上年回落 2.6 个百分点，对规模以上工业增长的贡献率由上年的 24.3%下降到 18.9%。产值前 50 户的大型企业中，16 户产值增幅比上年回落，其中皖北煤电、安庆石化、马钢及华鑫铅业回落幅度均在 20%以上。

2. 营业税。2014、2015 年安徽省营业税分别完成 540.0 亿元、586.8 亿元，增加额分别为 37.7 亿元、46.8 亿元，相应同比增长率为 7.5%、8.7%，营业税在增加额和增长速度方面较 2014 年有所回升。一方面是受“营改增”的深刻影响，另一方面主要源于规模以上服务业重点领域的发展，其中战略性服务业营业税增长速度为 18.3%，居全国第二，科技服务业增速为 16.4%，居全国第三，高新技术服务业增速为 16%，居全国第二。

3. 企业所得税。2015 年企业所得税收入为 235.6 亿元，占地方税总收入的比重为 13.1%，比上年同期提高 0.2 个百分点。从总量来看，2014、2015 年的增加额分别为 27.9 亿元、17.3 亿元，同比增长率为 27.9%、7.9%，企业所得税收入增速下滑显著。

企业所得税收入增速显著下滑主要有以下几点原因：其一，与增值税税制优化有密切关系，虽然增值税不直接影响企业利润，但可通过进项税额能否抵扣及抵扣多少来影响企业的成本费用，进而影响企业的利润，随着“营改增”的推进，增值税抵扣链条逐渐完整，企业的成本费用进一步降低。但本质上，这种变化所带来的冲击将随着增值税税制的完善逐渐消除，原因在于“营改增”同时减少了城建税及教育费附加的税基，使得企业利润提高，所得税税基将会增大，且完整的增值税抵扣链条从长期看可以提升企业更新机器设备等固定资产的动力，促进企业更高效地发展，取得更好的经济效益。其二，企业亏损加剧新增利润集中在少数行业。1—11 月，安徽省规模以上工业企业，新增利润中，电力、家电和汽车三个行业新增利润 135.5 亿元，是全部规模以上工业新增利润的 1.4 倍；亏损企业亏损额达 253.1 亿元，增长 35%，增幅比一季度、上半年、前三季度分别高 12.4 个、1.6 个和 7 个百分点，比全国高 2.6 个百分点。39 个行业中有 26 个行业亏损，企业亏损额同比增加，其中，黑色金属冶炼和压延加工业亏损企业亏损额 47.9 亿元，增长 7.9 倍；黑色金属矿采选业 15.1 亿元，增长 98.9%；有色金属冶炼和压延加工业亏损额 12.1 亿元，增长 78.5%；非金属矿物制品业亏损额 11.7 亿元，增长 1.1 倍；石油加工、炼焦和核燃料加工业亏损额 4.3 亿元，增长 9.8 倍。其三，规模以上服务业实现营业利润 299.9 亿元，增长 16.7%，较全国平均水平低 6.3 个百分点，较上年和当年 1—10 月分别回落 13.5 个和 14.3 个百分点。规模以上服务业企业中 953 家企业出现亏损，比三季度增加 177 家，亏损面达 27.9%，比三季度扩大 1.2 个百分点。分行业看，水上运输业、房地产中介服务、广播、电视、电影和影视录音制作业等 9 个行业大类营业利润有所下降。

4. 个人所得税。2014、2015 年安徽省个人所得税实现收入 52.1 亿元、53.1 亿元，相应增加额为 8.7 亿元、1 亿元，同比增长率为 20%、1.9%，占地方税总收入的比重为 3.1%、3%，基本保持不变。在税制结构优化的过程中，个人所得税的增长过于缓慢。

5. 契税。2014、2015 年安徽省契税实现收入 195.7 亿元、172.5

亿元，相应增加额为 7.8 亿元、－23.1 亿元，同比增长率为 4.1%、－11.8%，占地方税总收入的比重为 11.6%、9.6%，增速持续回落，占地方税总收入的比重变化幅度较大。而增速持续回落的主要原因是房产交易的下降，尤其是一手房交易量降幅显著，且 2015 年实施了房产契税政策以及房地产调控政策，税收优惠政策安排也降低了房产交易成本，契税收入增幅逆转。

6. 房产税。2014、2015 年安徽省房产税收入分别为 38.6 亿元、46.2 亿元，相应增加额为 7.1 亿元、7.5 亿元，同比增长率为 22.5%、19.5%，占地方税总收入的比重为 2.3%、2.6%。相比于 2014 年，2015 年房产税收入增速有小幅度上升，总体态势较为平稳。

7. 土地相关税收。2014、2015 年安徽省城镇土地使用税实现收入 100.4 亿元、133 亿元，相应增加额为 29.2 亿元、32.7 亿元，同比增长率为 40.9%、32.5%，增速显著下降。2014、2015 年安徽省土地增值税实现收入 96.7 亿元、90.4 亿元，相应增加额为 5.5 亿元、－6.3 亿元，同比增长率为 6.1%、－6.5%，增速逆转，说明税务征管部门要继续加强土地增值税的清算工作，减少土地增值税的流失。

8. 其他税种。2015 年资源税收入达到 20.6 亿元，同比增长率为－1.1%，占地方税总收入的比重为 1.1%。城市维护建设税收入为 106.1 亿元，同比增长率为 8.2%，占地方税总收入的比重为 5.9%，与上年持同。印花税收入为 21.6 亿元，同比增长率为 3.5%，占地方税总收入的比重为 1.2%，与上年相同。车船税收入为 14.8 亿元，同比增长率为 15.7%，占地方税总收入的比重为 0.8%，与上年相同。耕地占用税收入为 45.1 亿元，比上年同期增加 9.4 亿元，同比增长率为 26.2%，占地方税总收入的比重为 2.5%，比上年上升 0.4 个百分点。

根据表 1－12，对 2015 年安徽省各地市各税种的情况分析具体有以下几点：

其一，2015 年安徽省有四个市税收收入出现负增长，分别是池州市、安庆市、淮北市和淮南市。其余各市税收收入有所提高，有 7 个市增长幅度维持在 10% 以下，最低的是铜陵，税收收入增长率为

0.1%，增长率超过10%的有芜湖市、滁州市、蚌埠市、宿州市、亳州市，最高的增长率是蚌埠市，为13.2%。

表 1-12 2015 年安徽省各市税收收入分税种收入增长率（单位：%）

地区	税收收入	增值税	营业税	企业所得税	个人所得税	其他税收收入
合肥市	8.3	5.3	2.1	19.4	0.3	14.7
淮北市	-6.2	-2.6	15.7	-12.4	-2.3	-22.8
亳州市	11.5	14.0	4.5	17.9	11.6	15.5
宿州市	10.9	13.2	12.5	-1.0	5.1	11.3
蚌埠市	13.2	16.7	23.4	-4.5	10.7	5.8
阜阳市	8.4	-1.1	14.1	12.2	28.3	6.8
淮南市	-4.4	3.4	1.0	27.8	-18.3	-17.0
滁州市	10.5	14.2	5.1	2.6	10.6	15.8
六安市	4.9	-4.9	19.1	-9.8	15.4	-3.4
马鞍山市	4.6	-7.3	31.9	-5.1	-3.3	-6.4
芜湖市	10.5	10.2	23.3	11.8	1.4	2.8
宣城市	4.4	-3.8	11.7	2.3	10.2	2.9
铜陵市	0.1	3.9	7.2	-14.0	-1.2	-3.0
池州市	-2.2	-11.3	1.6	-2.8	-0.6	-1.4
安庆市	-2.2	14.8	-7.5	-12.7	-9.9	-0.5
黄山市	1.5	-17.0	7.7	-15.0	10.7	3.9

资料来源：根据《2016 年安徽省统计年鉴》和《2015 年安徽省统计年鉴》相关资料整理。

其二，2015 年安徽省有 7 个市的增值税出现了负增长，其余各市均有不同幅度的增长，增长率最低的是淮南市，为 3.4%，蚌埠市增值税收入增长最为显著，达到 16.7%的水平。

其三，营业税收入的增长极为突出。除安庆市的增长率为-7.5%外，其余各市营业税收入均实现不同幅度的增长，其中，马鞍山市增长最为显著，达到 31.9%，最低的是淮南市，增长率仅为 1%。

其四，企业所得税在不同地市的增长情况也有较大不同。2015 年企业所得税降幅显著，9 个地市出现负增长。相比而言，合肥市、亳州市、阜阳市、淮南市、芜湖市的企业所得税增长迅速，分别为19.4%、17.9%、12.2%、27.8%、11.8%。总体来看，受到了各市经济结构调整以及企业利润亏损的影响，各地市税收收入增长形势不容乐观。

其五，不同地市个人所得税收入增长情况差别较大，其中 6 个市个人所得税增长为负，总体上比较来看，阜阳市个人所得税收入增长最为显著，增长率达到 28.3%。相比而言，淮南市负增长，为－18.3%，两者相差甚大。

（三）非税收入结构

表 1－13 反映的是 2015 年安徽省非税总收入分项目收入及增长率。2015 年全年非税收入为 654.4 亿元，比上年同期增加 128.5 亿元，同期增长率为 24.4%，扭转了 2014 年的下降趋势。

表 1－13 2015 年安徽省非税总收入分项目收入

项目	收入（亿元）	比上年增加（亿元）	增长率（%）	占非税收入的比重（%）
非税总收入	654.4	128.5	24.4	100.0
专项收入	226.7	97.2	75.1	34.6
行政事业性收费收入	148.9	0.4	0.3	22.7
罚没收入	54.4	5.2	10.7	8.3
国有资本经营收入	22.9	－5.2	－18.6	3.5
国有资源（资产）有偿使用收入	173.8	32.6	23.0	26.6
其他收入	27.7	－1.7	－5.9	4.2

资料来源：根据《2016 年安徽省统计年鉴》相关资料整理。

其中，专项收入增长最快，全年实现收入 226.7 亿元，同比增长率达到 75.1%，明显高于上年同期增长率 49.7 个百分点，成为非税收入占比最大的形式；行政事业性收费收入占非税收入的比重有所下降，由 2014 年的 28.3%下降为 2015 年的 22.7%。罚没收入占比下降了一个百分点。国有资本经营收入占非税收入的比重有所下降，由上年的5.3%下降为3.5%。国有资源（资产）有偿使用收入占非税收入的比重与上年基本持平。

表1-14反映的是安徽省各地市2015年非税收入及其各个具体项目的增长率。具体分析主要有以下两点：

其一，相比于2014年，2015年各地市非税收入增长趋势显著，其中，淮北市非税收入增长高达131.7%，合肥市和阜阳市的非税收入增长率为48.3%和42.4%。10%～15%增长区间有5个市，15%～35%增长区间有7个市，增长率最低的是铜陵市，仅为2.8%。

其二，各个地市的非税收入中增长强劲的项目也有很大不同。其中，合肥市、亳州市、阜阳市、滁州市、铜陵市、池州市和黄山市的专项收入增长率都突破100%，其增长率依次为224.1%、284.1%、131.1%、176.7%、168%、158.5%和123.4%。淮北市的罚没收入增长迅速，达到48.1%，远高于省内其他地市；而宿州市的国有资本经营收入增长迅速，其余各市都出现了负增长，淮北市的国有资源（资产）有偿使用收入的增长率下降尤为明显，其他收入的变化中马鞍山、淮南市和淮北市的增长情况较为突出。

表1-14 2015年安徽省各市非税收入分项目增长率 （单位：%）

地区	非税收入	专项收入	行政事业性收费收入	罚没收入	国有资本经营收入	国有资源（资产）有偿使用收入	其他收入
合肥市	48.3	224.1	8.0	10.0	−65.4	42.4	−8.3
淮北市	131.7	84.9	99.0	48.1	−929.4	412.4	262.6
亳州市	13.3	282.1	−26.5	1.6	−32.0	−8.8	−13.0
宿州市	14.0	89.4	0.8	26.1	320.7	12.0	−46.6
蚌埠市	14.8	71.7	22.2	35.4	−70.4	−13.9	70.6
阜阳市	42.4	131.1	18.6	23.7	−6.7	24.8	21.4
淮南市	27.0	−38.4	−19.5	−3.1	—	35.7	342.6
滁州市	31.1	176.7	−5.1	5.9	−100.0	17.4	33.1
六安市	20.8	39.0	−4.0	25.7	—	65.5	107.3
马鞍山市	19.7	93.5	54.6	27.9	−73.8	5.3	663.1

（续表）

地区	非税收入	专项收入	行政事业性收费收入	罚没收入	国有资本经营收入	国有资源（资产）有偿使用收入	其他收入
芜湖市	21.6	55.7	－10.1	8.7	－6.2	37.7	13.2
宣城市	22.7	79.4	3.8	－17.6	－82.8	34.1	16.0
铜陵市	2.8	168.0	－20.4	－10.7	－96.4	3.1	－62.3
池州市	18.3	158.5	2.4	17.8	—	14.0	4.3
安庆市	10.3	87.0	－17.0	36.7	—	－6.3	－29.2
黄山市	11.9	123.4	－7.2	－14.3	－94.2	39.0	－28.7

资料来源：根据《2015 年安徽省统计年鉴》和《2016 年安徽省统计年鉴》相关资料整理。

注：淮南和淮北 2014 年国有资本经营收入数据为负，不计算增长率。六安 2014 年国有资本经营收入数据缺失；滁州和池州 2015 年国有资本经营收入数据缺失，安庆 2014 年和 2015 年国有资本经营收入数据缺失，均未进行增长率计算。

（四）2016 年安徽省地方财政收入结构

2014、2015 年安徽省地方财政收入增长率分别为 6.9％、10.6％，2016 年安徽省地方财政收入增长率为 8.9％。总体来说，我省地方财政收入与我省经济发展处于同步运行状态，经济转型的不断推进使得增长率出现了下滑趋势。

2016 年 1—11 月份安徽省地方财政收入总额 2481.4 亿元，同期增长率为 7.3％，增长幅度较为显著，与上年同期 12.4％的增长率相比，降低了 5.1 个百分点。其中，上划中央财政收入总额 1387.9 亿元，同期增长率为 12.6％。税收收入 1745.6 亿元，占地方财政收入比重为 70.3％，同期增长率为 4.3％，比上年同期下滑 2.9 个百分点；非税收入 735.8 亿元，占地方财政收入比重为 29.7％，同期增长率为 15.3％，与上年 28.2％的增长率相比，增幅下降了 12.9 个百分点。

2016 年安徽地方税收收入各主要税种以及非税各主要项目收入、同比增长情况和占比情况见表 1－15 和表 1－16 所列。

表 1－15 中反映，随着“营改增”的步伐加快，增值税占税收总收入的比重快速上升，1—11 月同期增长率高达 96％，而营业税同期下降了 44％。增值税与营业税相加所占比重为 45.1％，企业所得税和

个人所得税相加为16.4%，大体格局基本稳定，税制结构的优化任重而道远。表1-16中1—11月数据显示，非税收入大幅度增长的趋势不再延续，尤其是专项收入的下降过于显著，整体上，税收总收入的增长慢于非税总收入的增长，这样的增长布局对于优化安徽省税收收入与非税收入的配置效率具有较好的促进作用。

表1-15 2016年安徽地方税收总收入和各主要税种收入

税种	1—11月收入（亿元）	比上年同期增加（亿元）	增长率（%）	占税收收入的比重（%）
税收总收入	1745.6	71.9	4.3	—
增值税	477.9	234.1	96.0	27.4
营业税	309.7	−243.2	−44.0	17.7
企业所得税	230.6	3.5	1.6	13.2
个人所得税	55.8	7.0	14.4	3.2
城市维护建设税	105.1	6.0	6.0	6.0

资料来源：根据安徽省统计局网站相关资料整理。

表1-16 2016年安徽省非税总收入和各主要项目收入

项目	1—11月收入（亿元）	比上年同期增加（亿元）	增长率（%）	占非税收入的比重（%）
非税总收入	735.8	97.5	15.3	—
专项收入	184.6	−27.9	−13.2	25.1
行政事业性收费收入	141.4	−5.0	−3.4	19.2
罚没收入	48.3	−2.9	−5.6	6.6

资料来源：根据安徽省统计局网站相关资料整理。

第四节 安徽省2017年财政收入形势及政策前瞻

一、安徽省2017年财政收入的经济形势分析

财源的可持续发展受制于经济发展水平与增长质量。基于我国财

政体制安排，2017年安徽省财政收入形势将取决于我国整体经济环境和自身发展的态势判断。

（一）2017年安徽省财政收入形势的宏观经济基础：整体向好

2016年，我国GDP增长6.7%，虽然较2015年回落0.2个百分点，但总量累计突破了74万亿元，增量首次突破4万亿元，创2010年以来的历史新高，其中，第一产业增加值增长3.3%；第二产业增加值增长6.1%；第三产业增加值增长7.8%。总体上，全年经济增速呈“L型”态势，经济在较大的下行压力下保持平稳态势，新的发展动能正逐渐积聚。具体主要表现在：第一，工业生产增速略有回升。2016年全部工业增加值增长6.0%，比2015年上涨1个百分点，规模以上工业增加值增长6.0%，继续保持平稳增长；工业库存见底回升缓解了经济压力，库存回补又推动经济增长。第二，基础设施建设投资快速增长起支撑作用。2016年基础设施投资增长17.4%，比2015年提高0.2个百分点，基础设施投资在投资总额中的比重由2015年18.4%提高到19.9%，尤其是京津冀协调发展、长江经济带等国家战略突出优化产业布局。第三，房地产市场投资上升引发联动效应，2016年房地产市场投增长6.8%，比2015年高4.3个百分点，带动上下游行业的联动，钢铁、水泥、建材等增长速度加快。第四，出口需求好转促企稳形成。2016年出口交货值累计增长率为7.05%；“一带一路”的经济助推效力正逐步释放，海外投资快速增长。第五，消费促增长发挥良好作用，尤其是小排量汽车购置税优惠政策促使部分汽车消费需求提前透支；消费结构升级，教育、文化、娱乐消费、医疗保健等无形的服务性消费增长显著。第六，PPI回升推动投资增速企稳。2016年以来，PPI在年初就持续降幅收窄，9月份结束了54个月的负增长，有利于工业企业利润增长。第七，相对扩张的财政与货币政策推动了经济发展，缓解了地方债务负担压力，加快了M2增速。

尽管如此，当前经济长期增长的动力源尚未全面形成，结构性调整将面临长期预期，缺乏稳定长效增长的制度供给，存在一些制约我国经济持续发展的核心问题，具体包括：一是原有的供给增长效应减缓。比如房地产的增长，高库存压力仍未根本缓解；行政手段化解钢铁、煤炭行业过剩产能使用过度；环保标准垄断性行业改革等制度供给不足制约市场要素的自由配置。二是就业形势不容乐观。2015 年劳动人口减少了近 500 万人，2016 年这一趋势还在延续，经济增长与就业的动态关联需要重新看待。三是降成本压力增大，既要面临改善供给环境、激发微观企业内生动力的要求，也要考虑到外部减税的“倒逼效应”。四是出口回升的持续性欠佳，全球国际贸易冲击以及一些国家经济政策变化会影响我国出口需求。五是经济结构调整任务仍然艰巨，高耗能工业拉动、政府投资主导、国有企业依旧扮演了经济回暖的重要角色，产业升级压力增大。

总体来看，2017 年我国经济发展的基本面和长期向好的趋势依旧持续，市场需求潜力巨大，资金供给充裕，科技和教育水平整体提升着力改善劳动力素质，基础设施日趋完善，政府宏观调控和应对重大挑战的能力明显增强，社会大局保持健康稳定。

（二）2017 年安徽省财政收入的自身经济基础：稳中有进

2016 年以来，面对错综复杂的宏观环境，安徽省经济主动适应发展新常态，加快调结构转方式、促升级步伐，经济运行总体平稳，主要指标增幅居全国前列。2016 年全省生产总值增长 8.7%，高于全国水平。具体反映为：第一，工业生产效益显著改善。2016 年规模以上工业增加值突破万亿元大关，增长 8.8%，增幅比 2015 年高 0.2 个百分点，比全国高 2.8 个百分点；40 个工业大类行业中有 36 个增加值增长，其中 14 个增速超过 10%，主要产品产量中，水泥、发电量分别增长 2%和 7.8%，汽车增长 25.9%，智能手机增长 9.1 倍，工业机器人增长 56.5%，家用洗衣机、家用电冰箱和彩色电视机分别增长 16.3%、5.8%和 9.1%。第二，固定资产投资快速增长。2016 年固定资产投资 26758.1 亿元，增长 11.7%，增幅比全国高 3.6 个百分点。第三，市场销售增长加快。2016 年社会消费品零售总额突破万亿元大关，增长 12.3%，增幅比上年高 0.3 个百分点，比全国高 1.9 个百分点，居全国第 4。第四，结构调整步伐加快。2016 年服务业增加值占全省生产总值的比重由 2015 年的 39.1%提高到 41%。规模以上工业中，装备制造业、高新技术产业增加值占比分别由 2015 年的 35.7%、

36.9%提高到37.2%、39.8%，六大高耗能行业增加值占比由26.2%下降到25.9%，战略性新兴产业产值占比由21.9%提高到23.3%。第五，发展新动能进一步增多。全年新登记注册企业增长30%；新增规模以上工业企业2560户，规模以上服务业企业632户；创新发展型高新技术产业增加值增长16.7%，比上年高4.9个百分点，对全部规模以上工业增长的贡献率由上年的49.8%提高到69.5%。第六，自2016年8月开始，全省制造业采购经理指数PMI连续5个月处于扩张区间，12月达到53.3%，创年内新高；自2016年9月开始，全省PPI连续4个月上涨，12月上涨7.8%，创2011年10月以来月度最大涨幅。工业用电需求扩大、货运量增速加快，增幅分别由上半年的4.1%、3.7%上升到全年的5.8%、5.5%。第七，居民收入继续增加，就业和物价保持稳定。全年城镇常住居民和农村常住居民人均可支配收入分别增长8.2%和8.3%，均高出全国水平。居民消费价格上涨1.8%，涨幅比上年高0.5个百分点。

总体上看，2017年，全省经济可望平稳运行，主要指标增幅保持在较快增长区间，一些领域出现的积极变化持续增加，总体经济平稳适度增长。在这样的经济环境之中，安徽财政收入或将平稳增长。但是，在结构转型的关键阶段，当前制约经济持续稳健运行的因素仍然存在，如部分企业生产经营仍然困难、外贸出口持续下滑等。2017年安徽省财政收入形势将随着国家宏观经济结构调整逐步深化而保持稳中有进趋势。

二、安徽省2017年财政收入的政策前瞻

财政是国家治理的经济基础和重要支柱，党的十八大三中全会通过的《中共中央关于全面深化改革若干重大问题的决定》，着重强调要建立现代财政制度，并赋予“科学的财税体制”优化资源配置、维护市场统一、促进社会公平、实现国家长治久安的新内涵。展望2017年，安徽经济运行与财政收入形式会发生什么样的变化呢？从前述支撑2016年经济增长的各个因素看，2017年安徽省财政收入展望主要从下面四个方面展开：

（一）收入总量增速态势平稳

受全国和安徽经济面影响，2017 年，安徽财政收入增速仍将呈现平稳态势，但是基数的抬高也使得增长压力加大。从全国面看经济增长或将延续“L 型”走势，固定资产投资仍然是增长关键；出口占全球货物贸易份额已接近 14%国际历史峰值，出口的不确定性增加；工业库存见底趋势明确与 PPI 回升或将持续；结构性改革包括消费结构和产业结构逐步推进，2016 年“十三五”国家战略性新兴产业发展规划出台将推动相关领域增长。随着供给侧改革的深入推进，房地产增长动力将在 2017 年有所衰减，但相关调控政策或将缓解库存压力。从“去杠杆”来看，2016 年家庭部门杠杆率在房价上涨过程中上升；积极的财政政策带来政府负债压力增加；企业部门杠杆率已处于历史最高位。从“去产能”来看，中国企业家调查系统最新调查数据显示，2016 年产能过剩“非常严重”与“比较严重”的企业所占比重达到 71.2%，须向市场、法治方向发力。从“降成本”来看，收入调整将受到国内供给环境、微观企业动力诉求和国外减税的影响。从自身情况看，2017 年，安徽经济运行依旧保持稳步前行态势，煤炭、钢铁化解过剩产能进程或将加快，脱困发展和转型升级将积极向好，去库存和降成本积极推进；农业水利和生产设施建设将不断完善，政府有效投资力度有望加大；生产性服务业和生活性服务业增长持续推进；创新创业平台促工业转型升级；区域发展将释放经济动能；外贸也可望回稳向好。

（二）结构性减税力度或将加大

2017 年是供给侧结构性改革的深化之年。结合经济面分析，2017 年全国财政收入的政策安排的关键是减税降费力度或将继续加大，国内对税负过高的诉求持续加大，国外美国等或将实施减税计划形成“倒逼”。中央经济工作会议指出，2017 年“三去一降一补”要取得实质性进展，要在减税、降费、降低要素成本上加大工作力度，因此收入增长任务艰巨而迫切。2016 年，安徽省减免税规模超过 660 亿元，同比增长 30.2%，考虑到城市维护建设税、教育费附加等因素，累计减税 105 亿元，98.7%的试点纳税人实现了减税。2017 年国家或将下调增值税率，安徽省将进一步落实“营改增”、资源税等改革政策，配合推进增值税、资源税等立法，以及国家促进中小企业发展、科技创新等税收优惠政策。同时，安徽省将全面推进资源税改革，助力资源企业大幅减负，比如铜陵有色、海螺水泥、马钢集团等；随着研发费用加计扣除范围进一步扩大，科技创新优惠政策力度或将增大；小微企业税收优惠也将持续。此外，2017 年，固定资产加速折旧优惠政策面将持续扩大；为助力公益事业发展所得税优惠力度有望扩大，加之其他一些优惠政策与减税安排，预计 2017 年可减免税收数量可观，势必对财政收入增长产生短期的冲击，但从总体上看这种冲击是结构性改革和市场资源配置的结果，因此，从长期来看，可以预见待结构调整到位必将对财政收入增长质量提升产生良好的作用。

（三）适度控制财政风险

2017 年，受收入新常态的影响，健全举债融资机制，控制财政风险，确保不发生系统性区域性财政风险依然是重要的财政任务，其目标是将财政赤字和政府债务控制在可承受范围内。2016 年安徽省财政厅印发了《安徽省地方政府债务风险评估和预警暂行办法》和《关于进一步加强政府债务管理规范实施政府和社会资本合作项目有关问题的通知》。前者要求对地方政府债务风险评估和预警对象、指标体系、风险化解途径、追责机制等做出规定。后者要求各地要在能源、交通运输、水利等公共服务领域大力推广 PPP 模式，吸引社会资本积极参与，财政给予多种方式引导支持；同时要求在法律框架下加强 PPP 项目合同管理；统筹考虑政府长期支出责任，促进中长期财政可持续发展；开展 PPP 项目绩效评价，根据评价结果和合同约定对价格或补贴等进行调整，激励社会资本提高公共服务质量；支持存量项目转换以减轻债务压力，便于用于重点民生项目建设。另外，2016 年安徽省还就加强专项建设基金管理、防范财政金融风险做了相关的规定。2017 年，安徽省依然会贯彻相关文件精神，要求各地严格把关融资平台，作为社会资本参与 PPP 项目的条件，切实规范政府担保行为，严禁通过各种不规范方式进行变相融资，防范和控制财政风险，坚持必要、合理、可持续的财政投入原则，实现财政可持续发展。

（四）财政体制改革有序推进

科学的财税体制首先体现为政府与市场关系的合理分配，这其中涉及政府职能的清晰界定，2017年，安徽省将深入转变政府职能。鉴于经济发展的多种目标，以就业稳定、相关金融风险的规避、公共支出的重点保障等为目标的经济政策选择将使得政府财力增长维持在较为稳定的水平上，不会出现过大幅度的波动。从财政的长期角度看，未来的趋势依然是转变政府职能，减少必需的政府支出份额，过渡期的支出压力可以通过适当的债务扩张和税制改革来解决。2017年安徽省将加快推进“十三五”规划的相关政策布局，要加快财税体制改革，确立合理有序的财力格局，改革和完善税费制度，优化税制结构；完善地方税体系与房地产税立法；尽快完善非税收入管理改革等，以求建立财政可持续发展机制。在体制层面，2017年安徽省将深入推进省以下财政事权和支出责任划分改革，贯彻落实中央和地方收入划分总体方案；所有行业企业缴纳的增值税均纳入中央和地方共享范围，并按属地原则分享增值税。

第二章　安徽财政支出分析

2016年安徽省主动适应经济发展新常态，坚持改革开放，坚持稳中求进的工作总基调，着力转方式、补短板、防风险、促开放，着力提高经济发展质量和效益，着力保障和改善基本民生，加快财税体制改革，优化财政支出结构。本部分主要探讨以下内容：2015—2016年财政支出预算执行情况回顾，2015—2016年财政支出规模与结构分析，2017年安徽省财政支出政策前瞻。

第一节　2015—2016年财政支出预算执行情况回顾

一、2016年财政支出预算安排情况

（一）省级财政支出预算安排

根据现行财政体制，2016年省级一般公共预算可用财力为538.1亿元，省级支出相应安排538.1亿元，与上年相比，省级预算支出同比增长6.7%。若扣除省级预算提前下达市县转移支付46.5亿元，加中央提前下达转移支付列入省级预算268.6亿元，省级预算支出合计760.1亿元。上解中央政府财政收入23.3亿元，对市县税收返还及转移支付1663.5亿元，省级预算总支出2446.9亿元。

表2-1　2015—2016年安徽省省级财政支出预算表　　单位：万元

支出项目	2015年预算数	2016年预算数	增速（%）	减：省级提前下达转移支付数	加：中央提前下达转移支付数	2016年预算合计数
一般公共服务支出	475073.1	524312.4	10.36	21992	11911	514231

（续表）

支出项目	2015 年预算数	2016 年预算数	增速（%）	减：省级提前下达转移支付数	加：中央提前下达转移支付数	2016 年预算合计数
国防支出	16823.2	17886.2	6.32	1060	5732	22558
公共安全支出	230228.2	246773	7.19	3811	9500	252462
教育支出	754012.8	805672.8	6.85	1352	268536	1072857
科学技术支出	185385.9	226290.4	22.06	15300	2534	213524
文化体育与传媒支出	348499.5	296420.8	－14.94	——	1000	297421
社会保障和就业支出	397709.7	425095.5	6.89	38059	1451568	1838605
医疗卫生与计划生育支出	188698	201582.6	6.83	17058	10859	195384
节能环保支出	147209.5	157091.2	6.71	11162	56	145985
城乡社区支出	16259.6	76308.3	369.31	8550	——	67758
农林水支出	675538.8	533695.2	－21.00	176444	85370	442621
交通运输支出	618840.9	644166.9	4.09	113958	732500	1262709
资源勘探信息等支出	223802.7	386770.6	72.82	11130	——	375641
商业服务业等支出	59520.6	61924.2	4.04	17800	518	44642
金融支出	2641.8	231982.9	8681.24	——	——	231983
援助其他地区支出	41240	45280	9.80	——	——	45280
国土海洋气象等支出	110643.2	160226.5	44.81	13100	——	147127

（续表）

支出项目	2015年预算数	2016年预算数	增速（%）	减：省级提前下达转移支付数	加：中央提前下达转移支付数	2016年预算合计数
住房保障支出	116416.7	139350.1	19.70	——	——	139350
粮油物资储备支出	45315.8	21052.4	－53.54	14720	105686	112018
预备费	80000	80000	0.00	——	——	80000
其他支出	238788	10745.9	－95.50	——	——	10746
国债还本付息支出	71352	——	——	——	——	
债务付息支出	——	86372	——	——	——	86372
债务发行费用支出	——	2000	——	——	——	2000
支出合计	5044000	5381000	6.68	465496	2685770	7601274
加：上解中央支出	——	——	——	——	——	232554
对市县税收返及转移支付	——	——	——	——	——	16635151
税收返还	——	——	——	——	——	831806
一般性转移支付	——	——	——	——	——	12332063
专项转移支付	——	——	——	——	——	3471282
支出总计	——	——	——	——	——	244688979

资料来源：根据安徽省财政厅相关数据整理。

省级财政支出预算中，基本支出预算149.9亿元，同比增长5.7%；项目支出预算388.2亿元，同比增长7.1%。主要增加了金融支出，加大了对资源勘探信息等支出，增加了城乡社区支出，加强了对环境保护和生态治理的力度。

在公共财政支出项目中，一般公共服务支出 52.4 亿元，同比增长 10.4%；国防支出 1.8 亿元，同比增长 6.3%；公共安全支出 24.7 亿元，同比增长 7.2%；教育支出 80.6 亿元，同比增长 6.9%；科学技术支出 22.6 亿元，同比增长 22.1%；文化体育与传媒支出 29.6 亿元，同比增长 4.3%；社会保障和就业支出 42.5 亿元，同比增长 6.9%；医疗卫生与计划生育支出 20.2 亿元，同比增长 6.8%；节能环保支出 15.7 亿元，同比增长 6.7%；城乡社区支出 7.6 亿元，同比增长 369.3%；农林水支出 53.4 亿元，同比增长 14.2%；交通运输支出 64.4 亿元，同比增长 4.1%；资源勘探信息等支出 38.7 亿元，同比增长 72.8%；商业服务业等支出 6.2 亿元，同比增长 4%；金融支出 23.2 亿元，同比增长 8680.6%；援助其他地区支出 4.5 亿元，同比增长 9.8%；国土海洋气象等支出 16 亿元，同比增长 44.8%；住房保障支出 13.9 亿元，同比增长 19.7%；粮油物资储备支出 2.1 亿元，同比增长 2%；预备费 8 亿元，同比持平；其他支出 1.1 亿元，同比下降 96.5%；债务付息支出 8.6 亿元，债务发行费用支出 0.2 亿元。

在公共财政预算之外，2016 年省级政府性基金共 6 项，预算安排支出 61.8 亿元。其中本年支出 37.4 亿元，调出资金 1.6 亿元，结转下年 22.8 亿元。省级国有资本经营预算支出相应安排 18.8 亿元。其中：解决历史遗留问题及改革成本支出 2 亿元，国有企业资本金注入 13.2 亿元、金融国有资本经营预算及其他支出 0.8 亿元、调出资金 2.8 亿元。省级社会保险基金支出安排 339.7 亿元，其中，本年支出 218.9 亿元，结转下年 120.8 亿元。

（二）市级财政支出预算安排

面对复杂严峻的宏观环境，在省委的正确领导下，全省各级各部门紧紧围绕稳增长、调结构、促改革、惠民生，以提高质量和效益为中心，坚持宏观政策要稳、微观政策要活、社会政策要托底，稳中求进，进中求优，积极做好开源节流工作，全力促进经济持续健康发展和社会和谐稳定。安徽省各市根据本地国民经济和社会发展“十三五”规划确定本级 2016 年财政支出预算。具体预算安排见表 2－2 所列。

表 2-2 2016 年安徽省各市财政支出预算情况

城市	全市预算支出（亿元）		市级预算支出		城市	全市预算支出（亿元）		市级预算支出	
	数额（亿元）	同比增长率（%）	数额（亿元）	同比增长率（%）		数额（亿元）	同比增长率（%）	数额（亿元）	同比增长率（%）
合肥	1008.6	9	425.29	26.5	六安	338.1	7	104.4	23
淮北	95.1	2	56.07	45.6	马鞍山	166.5	8.4	55.82	9.9
亳州	143.6	10.4	40.6	10.9	芜湖	358.6	15.1	108.8	22.2
宿州	285.1	9	63.3	22	宣城	258	6	33	5.1
蚌埠	166	18.6	40	14.3	铜陵	150	8.7	35.5	4.3
阜阳	220	9.1	55.4	2.8	池州	108.5	8.5	43.3	17.3
淮南	148.6	39.8	74.7	39.4	安庆	267.2	8	67.5	29.3
滁州	268.9	20	56.7	19.6	黄山	99	7	22.44	4.5

资料来源：由各市《2015 年财政预算执行情况和 2016 年财政预算草案》数据整理。

从全市预算支出来看，2016 年安徽省所有城市财政预算支出均有不同程度的增长。其中，合肥市仍是财政支出最多的市级单位，2016 年合肥市预算支出 1008.6 亿元，同比增长 9%；淮南市是同比增长幅度最大的市，2016 年淮南市预算支出 148.6 亿元，同比增长 39.8%。各地名次排序见表 2-3 所列，从该表可以看出，安徽省财政支出规模较大的地级市为传统意义上的大市，比如合肥市和芜湖市，支出规模较大。

表 2-3 安徽省各地级市财政支出排名情况

城市	全市预算支出（亿元）	名次	城市	全市预算支出（亿元）	名次
合肥	1008.6	1	马鞍山	166.5	9
芜湖	358.6	2	蚌埠	166	10
六安	338.1	3	铜陵	150	11
宿州	285.1	4	淮南	148.6	12
滁州	268.9	5	亳州	143.6	13
安庆	267.2	6	池州	108.5	14
宣城	258	7	黄山	99	15

（续表）

城市	全市预算支出（亿元）	名次	城市	全市预算支出（亿元）	名次
阜阳	220	8	淮北	95.1	16

资料来源：由各市《2015 年财政预算执行情况和 2016 年财政预算草案》数据整理。

从市级预算支出来看，合肥市仍是预算支出最多的市级单位，2016 年合肥市级预算支出 425.29 亿元，同比增长 26.5%；淮北市是预算支出增长最快的城市，淮北市 2016 年市级预算支出 56.07 亿元，同比增长 45.6%。各市级预算支出增长率排名见表 2-4 所列。

表 2-4 安徽省市级预算支出增长率

城市	市级预算支出（亿元）	增长率（%）	增长率排名	城市	市级预算支出（亿元）	增长率（%）	增长率排名
淮北	56.07	45.6	1	池州	43.3	17.3	9
淮南	74.7	39.4	2	蚌埠	40	14.3	10
安庆	67.5	29.3	3	亳州	40.6	10.9	11
合肥	425.29	26.5	4	马鞍山	55.82	9.9	12
六安	104.4	23	5	宣城	33	5.1	13
芜湖	108.8	22.2	6	黄山	22.44	4.5	14
宿州	63.3	22	7	铜陵	35.5	4.3	15
滁州	56.7	19.6	8	阜阳	55.4	2.8	16

资料来源：由各市《2015 年财政预算执行情况和 2016 年财政预算草案》数据整理。

二、2016 年财政支出预算执行情况

（一）全省财政支出执行情况

1. 全省财政支出完成预算情况分析

从预算实际执行情况来看，2016 年全省财政支出 5530 亿元，比上年增加 299.6 亿元，增长 5.6%。为完整反映 2016 年财政支出执行的月度进展，我们绘制了图 2-1。从 1—12 月各月的财政支出情况看，3 月是支出数额最多的月份，财政支出数额达到 698 亿元，完成全年预算的 28.5%。从支出科目上来看，教育支出 99.9 亿元，为预算的

92.7%。科技支出20.3亿元，为预算的95.7%。文化体育与传媒支出25.7亿元，为预算的93.6%。社会保障和就业支出205.5亿元，为预算的98.9%。农林水支出28.3亿元，为预算的92.8%。医疗卫生与计划生育支出17亿元，为预算的92.6%。上述方面支出低于年初预算的主要原因是，预算单位规范支出严控成本、部分预算项目跨年执行依规结转等。图中显示，3月、6月及9月是支出增长数额较大的月份，也就是说每个季度存在“前慢后快”的特点。

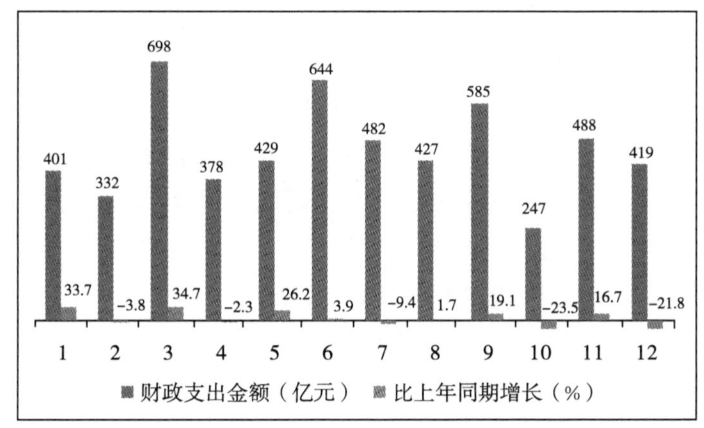

图2-1 2016年安徽省财政支出月度执行情况

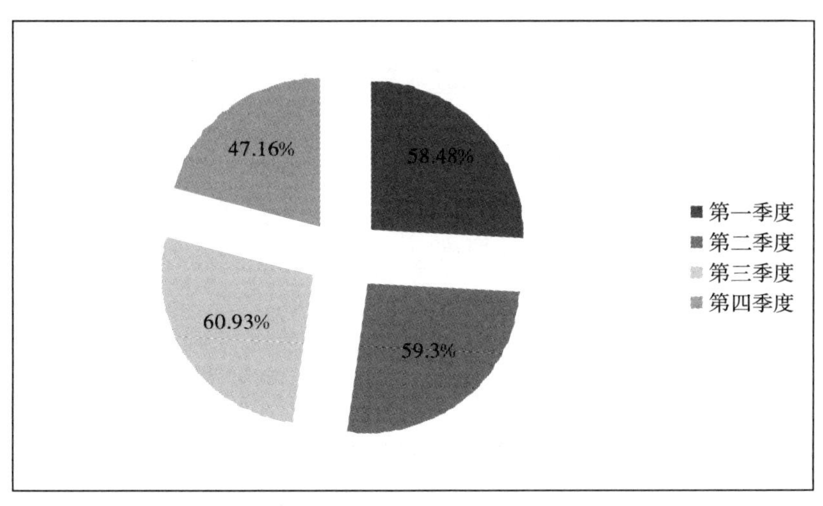

图2-2 2016年安徽省四个季度财政支出完成预算情况

从图2-2的全省四个季度财政支出完成预算情况来看，前三个季度财政支出大幅度提升。其中，第一季度的财政支出1431亿元，完成总预算的58.48%；第二季度财政支出1451亿元，完成总预算的59.30%；第三季度财政支出1491亿元，完成总预算的60.93%，第四季度财政支出1154亿元，完成总预算的47.16%。安徽财政将更多资金向民生领域倾斜，以更大力度保障和改善民生。2016年全省民生支出4626亿元，占全省财政支出的83.7%。拨付民生工程资金825.5亿元，33项民生工程全面完成。建立专项扶贫资金预算与地方财政收入增量挂钩机制，全省财政扶贫投入累计达173.4亿元，整合涉农项目资金68.6亿元，市县盘活存量8.2亿元，债务资金投入40.1亿元，集中财力支持健康脱贫等"十大工程"建设。把支持防汛抗洪救灾作为重要的民生工作，全省累计投入防汛救灾资金28.3亿元，安排5亿元启动加快灾后水利水毁修复与薄弱环节建设性治理三年行动。

2. 全省财政支出执行的同比增长情况分析

为深入分析2016年全省财政支出执行情况，我们将2015年和2016年的实际支出额度进行比较分析（图2-3和图2-4）。

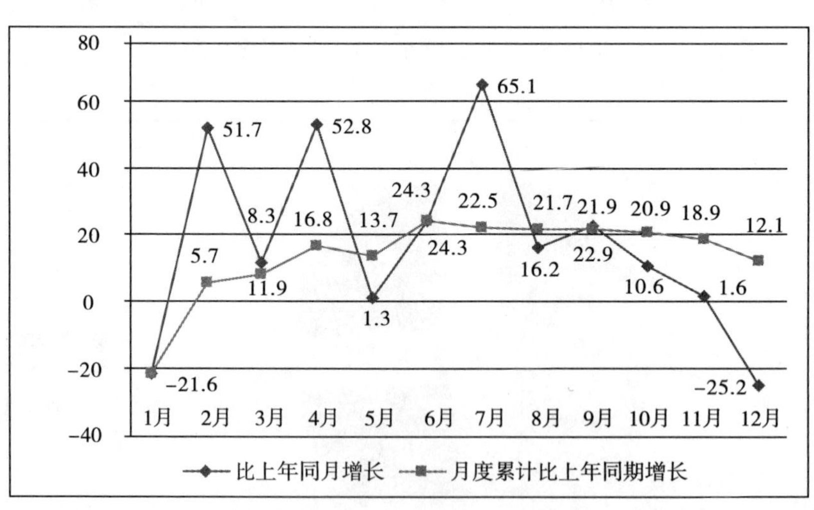

图2-3 2015年安徽省财政支出月度与月度累计同比增长情况

（1）从2015年财政月度支出同比增长情况看，财政支出月度同比增长最大的月份是7月，增长率为65.1%，其次是4月和2月，同比

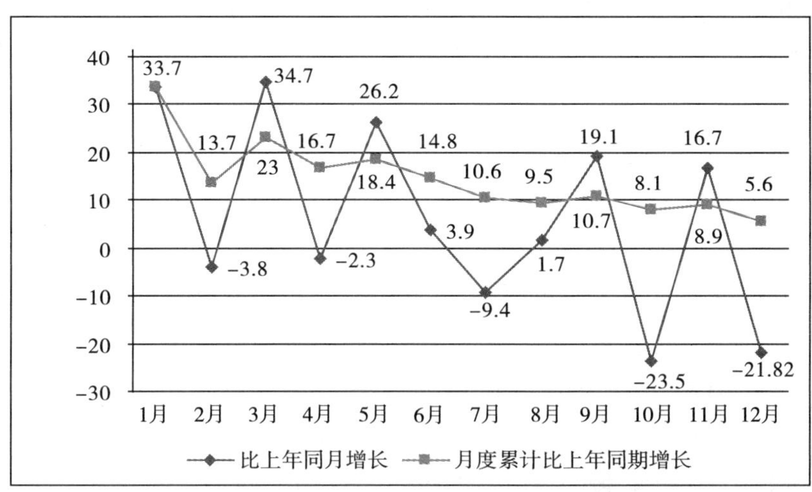

图 2-4 2016 年安徽省财政支出月度与月度累计同比增长情况

增长分别为 52.8%和 51.7%，而出现负增长的月份为 1 月，同比降幅为 21.6%。总体上，2015 年月度同比增长率平均为 17.63%。相对于月度同比增长，2015 年财政月度累计支出同期增长幅度较为平缓。除了 1 月份的较大降幅外，其他月份的累计支出同期增长率大致维持在 5%～23%之间。具体来看，从 1 月份开始每月的累计支出同期增长幅度保持一落一涨态势，累计支出的最高增长率是 9 月份的 22.9%，最低增长率是 2 月份的 5.7%，相差了 17.2%。

（2）从 2016 年财政月度支出同比增长情况看，财政支出月度同比增长最大的月份是 3 月，增长率为 34.7%，其次是 1 月和 5 月，同比增长分别为 33.7%和 26.2%，而出现负增长的月份为 2 月、4 月、7 月、10 月和 12 月，同比降幅为 3.8%、2.3%、9.4%、23.5%和 21.82%。总体上，2016 年月度同比增长率平均为 6.27%。相对于月度同比增长，2016 年财政月度累计支出同期增长幅度较为平缓。除了 1 月份的较大降幅外，其他月份的累计支出同期增长率大致维持在 5%～25%之间。具体来看，从 1 月份开始每月的累计支出同期增长幅度大致保持一落一涨态势，累计支出的最高增长率是 1 月份的 33.7%，最低增长率是 12 月份的 5.6%，相差了 28.1%。

（3）2015 年与 2016 年财政支出同比增长情况的比较分析。与

2015年相比，2016年财政支出同比增长情况呈现以下特点：全省财政支出的月度同比增长波动性与上年较为相似，波动较大。2015年最高值和最低值分别为65.1%和−25.2%，两者差额为90.3%。2016年的最高值和最低值分别为34.7%和−23.5%，两者差额下降为58.2%。综合来看，2016年的月度累计支出同期增长幅度小于2015年的月度累计支出同期增长幅度。从图2-3和图2-4可以看出，除了个别极端值外，2015年与2016年月度累计支出同期增长幅度都大致介于5%～25%之间。

3. 全省财政支出分项目执行情况分析

按照2007年新的财政支出标准，我国预算支出分为21个项目。这里我们选取支出比重较高及与居民生活息息相关的10个项目进行详细分析。详细分析的支出项目包括一般公共服务、教育、科学技术、文化体育与传媒、社会保障与就业、医疗卫生、节能环保、城乡社区事务、农林水事务和交通运输。这10项财政支出的具体规模见表2-5所列。

表2-5 2016年1—11月安徽省财政支出分项目月度支出执行情况 单位：亿元

支出项目	1月	2月	3月	4月	5月	6月	7月	8月	9月	10月	11月
一般公共服务	32.8	31.5	47.1	29.8	35.7	62.8	20.1	36.6	78.9	2.2	82.5
教育	56	50	97.2	68	59.6	106.2	54.9	52.6	113.1	35.9	106
科学技术	4	8.1	19.9	12.8	17.7	25	9.4	22.4	60.2	18.3	24.6
文化体育与传媒	2.3	2.8	4.7	8.8	5.8	8	6.5	6.1	6.7	5.4	6.8
社会保障与就业	131.9	40.3	156.2	37.6	41.5	77.6	60.8	35.5	73.5	23.4	65.8
医疗卫生	33.1	64.5	93	26.8	42.2	49.1	25.5	23.4	43.3	14.5	41
节能环保	4.7	4.1	13.1	3.1	9.9	15.6	6.9	13.9	24.5	6.2	17.2
城乡社区事务	59	49.8	104	43.7	54	158.3	32.5	70.3	150.5	−0.3	168.3
农林水事务	27.5	30.8	28.3	37.7	42.6	72.8	74.3	57.3	17.7	54.7	−33.6
交通运输	8.9	10.1	27.6	35.2	53.1	8.7	87.8	29.5	−10.8	25.1	−9.5

资料来源：根据安徽省统计局相关数据整理。

从表2-5可以看出：教育、一般公共服务、城乡社区事务、农林水事务以及社会保障与就业是财政支出的重点项目，说明我省财政支出以保证民生为主线，加大改善民生的力度，着力构建公共财政向民生倾斜的框架结构。以 9 月份为例，城乡事务支出 150.5 亿元，居 9 月支出之首，然后是教育支出 113.1 亿元，一般公共服务支出 78.9 亿元，社会保障与就业支出 73.5 亿元。

（二）市级财政支出执行情况

1. 市级财政支出完成预算情况分析

表 2 - 6 显示了 2016 年 1—11 月市级财政支出月度执行情况。从表中可以看到，合肥市财政支出最高，尤其是 3 月份高达 118.6 亿元，是同月最低城市铜陵市的 23 倍多；阜阳市是全省第二大支出城市，平均每月支出 38.45 亿元；支出相对较低的铜陵市和淮北市月均财政支出分别为 3.9 亿元和 11.5 亿元，为全省倒数前两位。由此可见，地区财政支出不但与人口、地理、环境等因素相关，而且与城市经济发展水平也密切相关。

表 2 - 6 2016 年 1—11 月安徽省市级财政支出月度执行情况 单位：亿元

城市	1月	2月	3月	4月	5月	6月	7月	8月	9月	10月	11月
合肥	52.9	54.4	118.6	62.3	38.7	98.9	53.3	73	92	54.4	71
淮北	11.9	9.9	13.6	8.7	10.4	10.6	10.8	19.7	17.4	4.4	9
亳州	15.9	23	37.3	9.4	22.6	38.3	20.5	23	40.8	8.1	37.8
宿州	24.7	18.1	33.7	16.6	24.2	38.1	23.7	26.7	38.6	13.1	34
蚌埠	19.1	16.5	29.8	18.8	24.9	40.9	23.9	18.3	27	9.3	26.2
阜阳	26.9	33.6	40.6	34.4	38.5	48.1	57.3	32.7	40.3	22.4	48.1
淮南	11.7	11.5	14.5	21	12	41.9	11.8	17.5	21.3	9.2	21.1
滁州	19.9	22.7	38.1	18	33.1	38.4	28	21.1	31.4	16.4	35.1
六安	21	21.7	31	21.5	31.4	35.7	44.6	28.7	30.4	19.8	28.4
马鞍山	14	12	22.9	10.5	14.6	28.5	20.9	9.4	39.2	8.6	22.7
芜湖	33.7	29.4	38.9	32.1	44.4	52.8	22.3	40.5	73.2	3.3	26.4
宣城	21.6	17.1	25.6	16.1	21.7	31.2	24.6	20	32.7	13.4	22.8
铜陵	4.4	2.9	5	2.4	1.9	3.8	4.7	2.5	8.7	2.4	4.2

（续表）

城市	1月	2月	3月	4月	5月	6月	7月	8月	9月	10月	11月
池州	12.9	11.1	16.1	9	18.3	17.1	15	9.4	17.5	9.3	9.8
安庆	8.7	8.2	19.2	9.7	14.2	20.4	12	12.9	15.5	8.1	12.8
黄山	29.9	23.6	32.2	23	28.7	41.5	30.7	26	34.7	17	35.3

资料来源：根据安徽省统计局网站相关数据整理。

下面我们通过分析 2016 年安徽省各大城市的财政支出累计数值及预算完成情况，以期更清晰、更完整地展示实际财政支出的预算执行效果及城市间财政支出的差异性（图 2－5）。2016 年 1—11 月合肥市财政支出累计为 769.5 亿元，遥遥领先其他城市。而且从完成预算情况来看，这一数值仅是全年预算的 76.29%，在各市完成预算比重中属于较低的。如果以各市完成预算的平均数计，合肥市的财政支出数额还要高。全省财政支出最低的是淮北市，11 个月的合计数仅为 126.4 亿元。另外，从 1—11 月各市财政支出预算完成情况来看，淮北、亳州、宿州、蚌埠、阜阳、淮南、滁州、马鞍山、芜湖、池州、安庆和黄山出现了不同程度的超预算执行现象。其中，阜阳和亳州超预算最多，分别为 192.69%、192.23%。

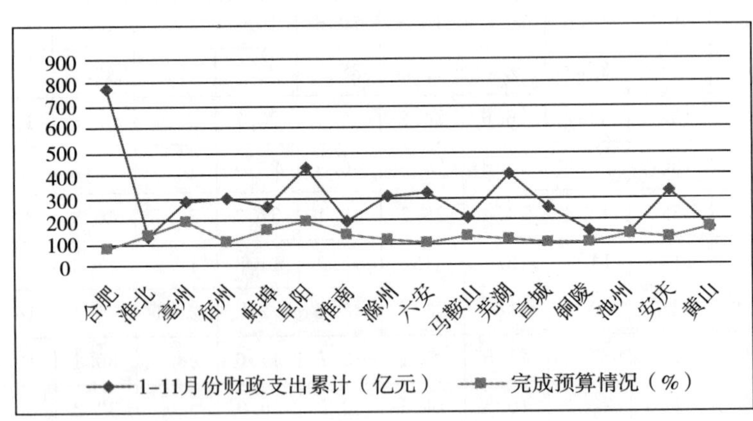

图 2－5　2016 年 1—11 月安徽省各市级财政支出累计执行情况

2. 市级财政支出执行的同比增长情况分析

图 2－6 反映了 2015—2016 年市级财政支出累计增长情况。整体

来看，2016 年各市的财政支出同比增幅小于 2015 年同比增幅。2015 年同期增长率最高的是蚌埠市，其增长率为 33%，最低的是池州市，增长率仅为 9.2%，淮南市同期支出下降，降幅为 0.5%。而 2016 年同期增长速度最快和最慢的城市分别为宿州市和池州市，相应的同比增长率为 16.5%和 4.9%。由此可见，2016 年财政支出同比增长率的极值小于 2015 年的极值。2016 年 1—11 月财政支出增幅极大值比 2015 年的极大值大 16.5%、极小值与 2015 年的差距为 4.3%。

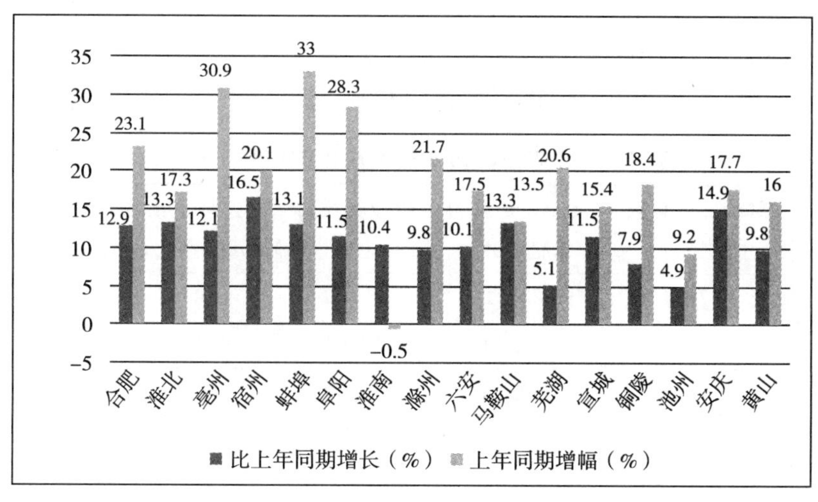

图 2-6 2015—2016 年 1—11 月安徽省市级财政支出累计增长情况

第二节 2014—2015 年财政支出规模分析

财政支出是国家将通过各种形式所取得的财政收入进行分配和使用的过程，是财政资金分配的第二阶段。财政支出与财政收入一起构成财政分配的完整体系，财政支出是财政收入的归宿，它反映了政府政策的选择，体现了政府活动的方向和范围，是政府调节宏观经济的主要手段之一，对社会经济的发展具有重要的作用。财政支出规模是一定时期安排的财政支出数量，可以用绝对数量来表示，也可以用相对数指标来表示。

一、2003 年以来安徽省财政支出规模

财政支出对经济的增长与发展具有双重影响，财政支出规模适度就能够促进经济增长，财政支出规模过大或过小都会阻碍经济增长。随着经济的发展，安徽省的财政支出规模不断地扩大，财政占 GDP 的比重也有所提高。

表 2-7 中的数据描述了 2003—2015 年安徽省财政支出规模的情况。从绝对指标来看，安徽省财政支出的绝对规模在近十年来一直呈现稳定增长，波动幅度不大。财政支出总额由 2003 年的 507.44 亿元增长到了 2015 年的 5239.01 亿元，财政支出增长了 10.3 倍。

表 2-7 2003—2015 年安徽省财政支出规模情况

年份	财政支出总额（亿元）	GDP（亿元）	财政支出占 GDP 比重（%）	财政支出对 GDP 弹性系数	财政支出对 GDP 的边际倾向
2003	507.44	3923.11	12.93	0.97	0.13
2004	601.53	4759.30	12.64	0.87	0.11
2005	713.06	5350.17	13.33	1.49	0.19
2006	940.23	6112.50	15.38	2.24	0.30
2007	1243.83	7360.92	16.90	1.58	0.24
2008	1647.13	8851.66	18.61	1.60	0.27
2009	2141.92	10062.82	21.29	2.20	0.41
2010	2587.61	12359.33	20.94	0.91	0.19
2011	3302.99	15300.63	21.59	1.16	0.24
2012	3961.01	17212.05	23.01	1.59	0.34
2013	4349.69	19229.34	22.62	0.84	0.19
2014	4664.10	20848.75	22.37	0.86	0.19
2015	5239.01	22005.6	23.81	2.22	0.50

资料来源：根据安徽省统计局网站相关数据和《2016 年安徽省统计年鉴》整理。

从相对规模上来看，安徽省财政支出占 GDP 的比重从 2005 年开始持续上升，到 2010 年增长速度有所放缓；财政支出对 GDP 的弹性系数反映了在预算年度内，财政支出变化率对国内生产总值变化率反

应的敏感程度。表 2-7 显示，安徽省该系数在 2005 年到 2009 年期间都是大于 1，富有弹性，2010 年弹性系数下降但是后两年弹性系数又回升了，到 2013 年又有所降低，2014、2015 年快速回升。财政支出对 GDP 的边际倾向就是每增加一单位的 GDP，相对的财政支出的增加额，由表 2-7 可以看出安徽省的财政支出对 GDP 的边际倾向从 2003 年到 2015 年十多年来都不超过 0.5，安徽省经济增长对财政的依赖程度不高。

图 2-7 显示了 2003—2015 年安徽省财政支出占 GDP 比重的状况。从总体上来看，安徽省近年来财政支出占 GDP 的比率呈现上升趋势，2005 年到 2009 年上升速度较快，2010 年较 2009 年略有下降，2011 年以后上升速度下降，2015 年上升速度有所抬头。

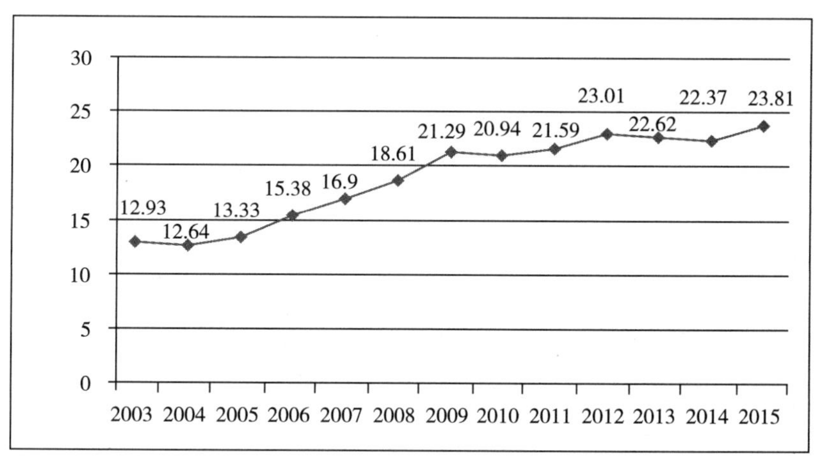

图 2-7　2003—2015 年安徽省财政支出占 GDP 比重示意图

图 2-8 显示的是 2003—2015 年安徽省财政支出对 GDP 的弹性。可以看出，安徽省财政支出对 GDP 一直以来都是富有弹性的，且在 2006 年到 2009 年弹性系数持续高于 1.5，2011 年到 2013 年，弹性系数呈抛物线状，到 2013 年弹性系数又下降到了 1 以下，2014 年弹性系数与 2013 年基本保持不变，2015 年明显上升。

从图 2-9 可以看出，2003—2015 年安徽省财政支出对 GDP 的边际倾向。可以看出，安徽省财政支出对 GDP 的边际倾向变化不大且边际倾向较低，除 2004 年达到最低的 0.11 和 2015 年的最高值 0.5 外，其余都围绕 0.25 上下波动，且幅度不大。

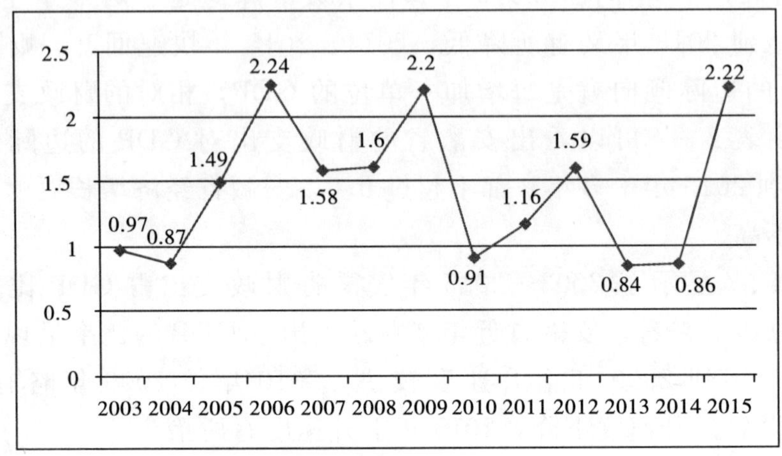

图 2-8　2003—2015 年间财政支出对 GDP 的弹性

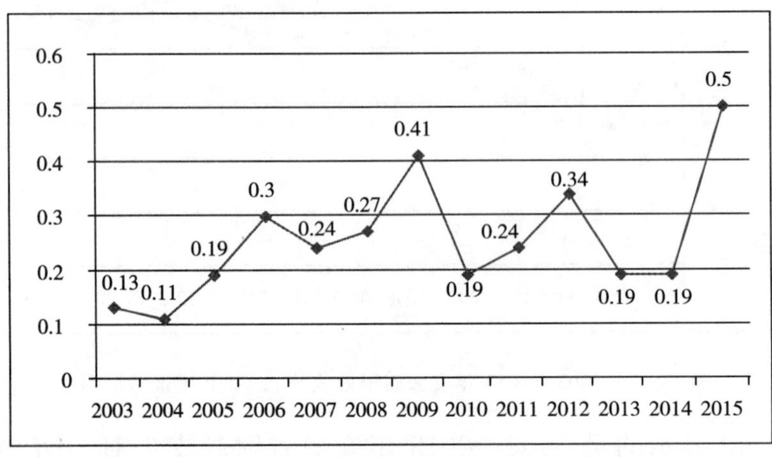

图 2-9　2003—2015 年安徽省财政支出对 GDP 的边际倾向

二、2015 年安徽财政支出规模

2015 年安徽省财政支出 5239.01 元，增长 12.3%。在财政支出中，社会保障与就业支出增长 20%，医疗卫生支出增长 13.9%，城乡社区事务支出增长 12.1%，文化体育与传媒支出增长 4.9%，交通运输支出增长 12.4%，科学技术支出增长 12%。

表 2-8 中的数据显示了 2015 年 1—12 月安徽省财政支出及其增长情况，并与 2014 年的财政支出进行对比分析。从整体上来看，各月增长速度不均，7 月增长幅度最大，增长率为 65.0%；其次为 4 月份，增长幅度为 52.8%。1 月、12 月出现了负增长现象，其中 12 月下降幅度最大，降幅为 25.2%。

表 2-8　2015 年安徽省 1—12 月财政支出及其增长情况　　单位：亿元

月份	2015 年财政支出	2014 年财政支出	同期增长额	同期增长率（%）
1	299.9	382.7	−82.8	−21.6
2	345	227.4	117.6	51.7
3	518.4	463.3	55.1	11.9
4	387.1	253.4	133.7	52.8
5	340.1	335.6	4.5	1.3
6	620.4	499.1	121.3	24.3
7	532.1	322.4	209.7	65.0
8	419.7	361.1	58.6	16.2
9	490.8	399.3	91.5	22.9
10	322.7	291.8	30.9	10.6
11	418.2	411.5	6.7	1.6
12	536	716.1	−180.1	−25.2

资料来源：根据安徽省统计局网站相关统计数据整理编制。

图 2-10 显示了 2015 年 1—12 月安徽省财政支出同期增长率情况。从图中可以看出，2015 年 1—12 月的同期增长率的变化波动较大，第一季度变化波动幅度很大，由 1 月大幅度的增长到 2 月又出现了大幅度的下降，到 3 月的正增长；第二、三季度增长率呈现一高一低的波动趋势；第四季度又呈现出大幅度的负增长。

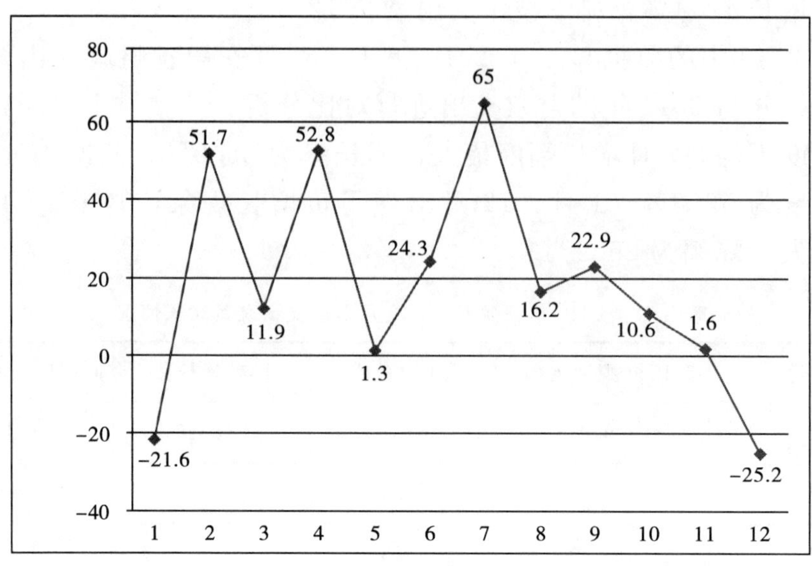

图 2－10　2015 年 1—12 月安徽省财政支出同期增长率情况

三、2016 年安徽省财政支出规模

2016 年安徽省财政支出累计完成了 5530 亿元，比 2015 年同期增长了 5.6%。其中教育、社会保障与就业、城乡社区事务、农林水事务、事务支出分别增长了 6.01%、9.14%、10.97%、7.74%。

表 2－9 的数据显示 2016 年安徽省财政支出规模，相比于 2015 年同期，2016 年整体波动趋势较大，但从整体来看仍有所增加。

表 2－9　安徽省 2016 年财政支出规模及其增长　　单位：亿元

月份	2016 年财政支出	2015 年财政支出	同期增长额	同期增长率（%）
1	401	299.9	101.1	33.7
2	332	345	－13	－3.8
3	698	518.4	179.6	34.6
4	378	387.1	－9.1	－2.4
5	429	340.1	88.9	26.1
6	644	620.4	23.6	3.8
7	479	532.1	－53.1	－10.0

（续表）

月份	2016年财政支出	2015年财政支出	同期增长额	同期增长率（%）
8	427	419.7	7.3	1.7
9	585	490.8	94.2	19.2
10	247	322.7	－75.7	－23.5
11	488	418.2	69.8	16.7
12	419	536	－117	－21.83

资料来源：根据安徽省统计局网站相关统计数据整理。

图2－11描述了2016年安徽省财政支出同期增长率变化情况，可以看出2016年各月的财政支出变化波动幅度较为明显，1月份出现了大幅的上升，升幅为33.7%，但2月份出现了小幅的下降，降幅为3.8%，3月份增长幅度最大，为34.6%，10月份下降幅度最大，为23.5%，12月份再次出现大幅下降，降幅为21.83%。

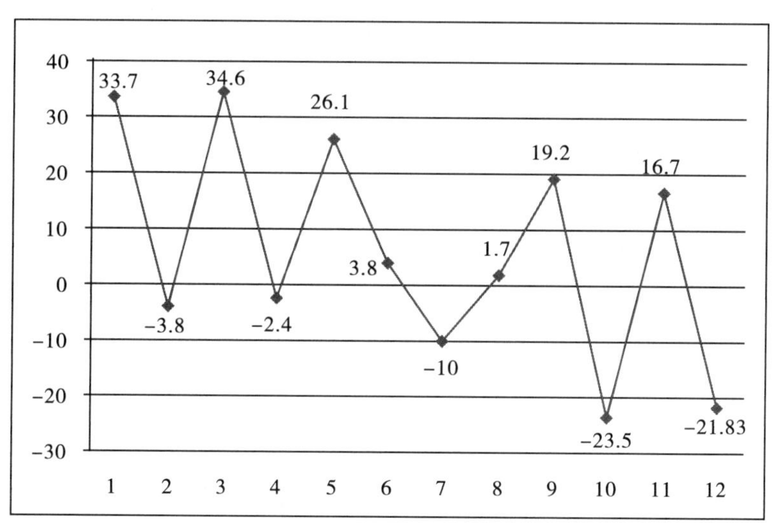

图2－11　2016年安徽省财政支出同期增长率变化情况

四、安徽省各市财政支出规模及增长情况

财政支出是财政分配活动的重要环节，是宏观调控的主要手段之一。对各地级市的财政支出的变化以及人均财政支出情况的正确认识

显得十分重要。各地级市的财政支出行为直接影响了安徽省的最优政策选择，对于各地级市的财政支出行为的分析，对提升公民福利、改善财政政策都具有重要的意义。2015 年安徽省各地级市财政支出状况见表 2－10 所列。

表 2－10 2015 年安徽省各地级市财政支出状况

城市	财政支出总额（亿元）	财政支出同比增长率（%）	财政支出总规模排名
合肥	925.3	9.5	1
芜湖	311.6	－12.1	2
宿州	261.6	9	3
安庆	250.4	8.5	4
宣城	236	6	5
滁州	224	10	6
六安	222.7	22.7	7
阜阳	201.7	12	8
马鞍山	153.6	——	9
蚌埠	140	18.4	10
铜陵	138	5	11
亳州	129.8	12	12
淮南	106.3	－18.9	13
池州	100	8.6	14
黄山	96.54	7	15
淮北	92	－0.4	16

资料来源：各市财政统计数据整理。

表 2－10 罗列了安徽省各地级市的财政支出总额及其同比增长率的数据。可以看出，合肥市、芜湖市、宿州市位列安徽省财政支出前三名，合肥市财政支出总额为 925.3 亿，遥遥领先其他城市，是第二位芜湖的 2.97 倍，财政支出最少的淮北的 10.06 倍。除芜湖和淮南、淮北外，大部分城市的财政支出较上年都有所增长。当然，如果考虑到人均财政支出规模，则名次会发生大的变化，见表 2－11 所列。

表 2-11　2015 年安徽省各市人均财政支出排名情况

城市	财政支出总额（亿元）	人均财政支出（元）	人均财政支出排名
合肥	925.3	11878.05	1
宣城	236	9104.938	2
铜陵	138	8668.342	3
芜湖	311.6	8527.641	4
黄山	96.54	7026.201	5
池州	100	6963.788	6
马鞍山	153.6	6790.451	7
滁州	224	5576.301	8
安庆	250.4	5460.096	9
宿州	261.6	4721.169	10
六安	222.7	4697.321	11
蚌埠	140	4254.026	12
淮北	92	4222.12	13
淮南	106.3	3098.222	14
亳州	129.8	2571.825	15
阜阳	201.7	2552.841	16

资料来源：根据安徽省统计局及各市统计局网站数据计算得到，其中人均财政支出按照各市年末常住人口总数计算整理。

同时，我们也根据表 2-11 绘制出图 2-12，以更为直观地分析各市财政支出现状。

通过图 2-12，可以直接看出安徽省各市人均财政支出情况。人均财政支出最高的城市为合肥市，人均财政支出达到 11878.05 元，然而阜阳市的人均财政支出在安徽的排名为最后一名，说明人均财政支出更能显示各城市的财政支出负担。宣城市、铜陵市人均财政支出位列第二、第三。从图中可以看出，皖南地区城市的人均财政支出要高于皖北地区城市。

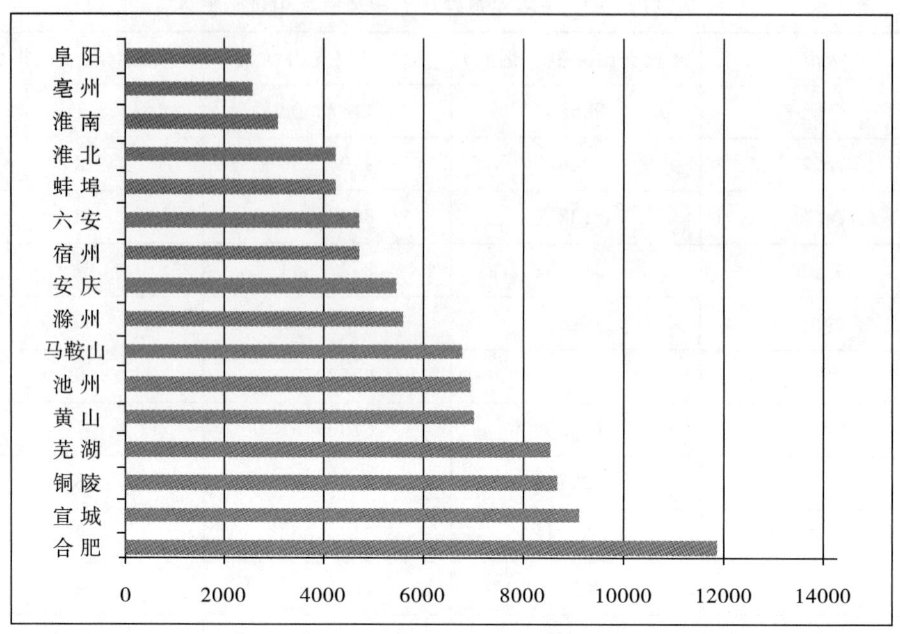

图 2-12 2015 年安徽省各市人均财政支出情况

第三节 2015—2016 年财政支出结构分析

财政支出结构是指在一定的经济体制和社会体制下，财政资金在分配过程中，政府各类支出的数额以及各类支出数额在财政支出总额中所占的比重，也就是通常所说的财政支出构成。财政支出作为公共财政的重要组成部分，是一国政府为了实现其国家职能，满足公共需求，将以各种渠道和方式筹集的资金进行再分配的过程。财政支出结构的变化也反映了政府配置社会资源的重点和方向，以及政府履行政府职能的重点。合理的财政支出结构对优化资源配置和促进社会发展有非常重要的意义。因此，我们将对财政支出结构做进一步的探讨。

一、安徽省财政支出总体结构

（一）安徽省财政支出分类结构

2015 年，安徽省财政支出总规模为 5230.4 亿元，是预算支出的

214%，比上年增加566.8亿元，同期增长12.15%。其中，教育支出规模最大，支出金额为846.9亿元，占比达16.19%，其他占比超过10%的支出项目分别为社会保障与就业、城乡社区事务、农林水事务，其比重分别为13.21%、11.97%、10.91%，总占比达到支出总规模的52.28%。

2016年，安徽省财政总支出累计为5530亿元，比上年增加300亿元，同期增长5.6%。其中，从支出规模角度由高到低依次排列前五项分别为教育、社会保障与就业、城乡社区事务、农林水事务和医疗卫生，其金额分别为908.21亿元、754.74亿元、676.5亿元、622.46亿元和478.11亿元，占比分别为17.36%、14.43%、12.93%、11.9%和9.14%，总占比达到65.77%。

表2-12　安徽省财政支出分类结构

指标	2014年		2015年		2016年	
	支出总数	占财政总支出的比重（%）	支出总数	占财政总支出的比重（%）	支出总数	占财政总支出的比重（%）
一般公共支出	408.15	8.75	400.09	7.64	411.94	7.88
国防	5.7	0.12	5.66	0.11	6.11	0.12
公共安全	179.6	3.85	196.06	3.74	220.96	4.22
教育	743.07	15.93	856.73	16.35	908.21	17.36
科学技术	129.59	2.78	147.94	2.82	255.97	4.89
文化体育与传媒	82.25	1.76	88.19	1.68	83.27	1.59
社会保障和就业	575.82	12.35	691.54	13.20	754.74	14.43
医疗卫生	425	9.11	485.60	9.27	478.11	9.14
节能环保	104.76	2.25	124.83	2.38	135.17	2.58
城乡社区事务	558.55	11.98	609.65	11.64	676.50	12.93
农林水事务	502.69	10.78	577.74	11.03	622.46	11.90
交通运输	338.38	7.25	383.97	7.33	343.93	6.58
资源勘探电力信息等事务	150.93	3.24	181.20	3.46	157.77	3.02
商业服务业等事务	62.09	1.33	63.43	1.21	58.03	1.11

（续表）

指标	2014 年		2015 年		2016 年	
	支出总数	占财政总支出的比重（%）	支出总数	占财政总支出的比重（%）	支出总数	占财政总支出的比重（%）
金融监管等事务支出	5.02	0.11	6.93	0.13	33.01	0.63
国土资源气象等事务	53.8	1.15	61.53	1.17	41.24	0.79
住房保障支出	232.76	4.99	276.63	5.28	236.36	4.52
粮油物资管理事务	39.85	0.85	32.21	0.61	32.06	0.61
其他支出	40.21	0.86	17.72	0.34	13.54	0.26

资料来源：依据安徽省统计年鉴及安徽省统计局网站相关数据计算得出。

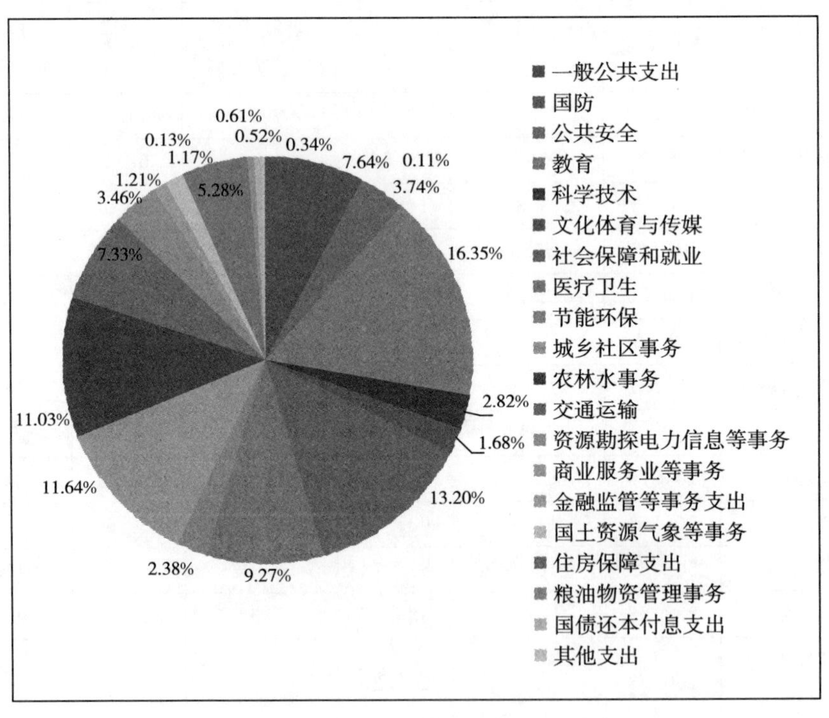

图 2－13　安徽省 2015 年各项财政支出占比

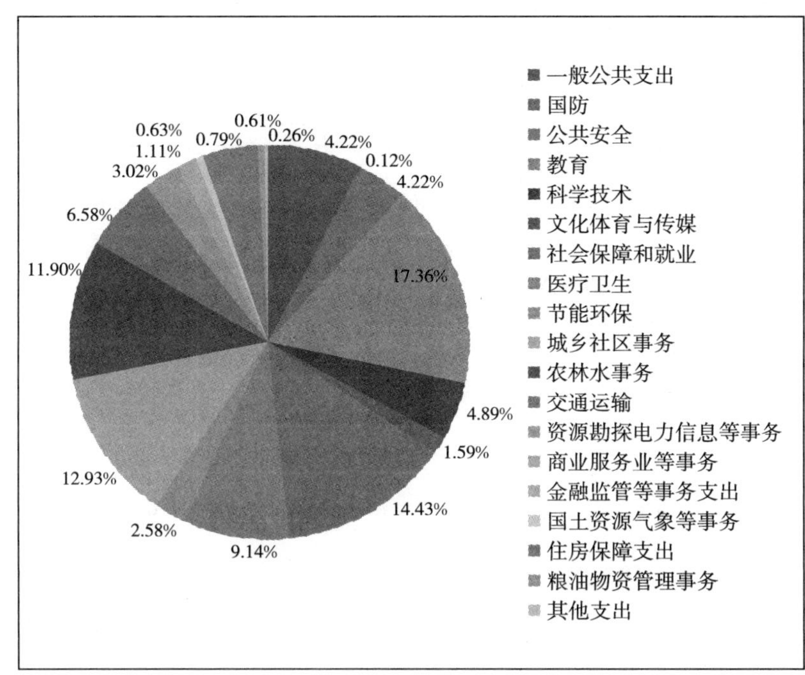

图 2－14 安徽省 2016 年各项财政支出占比

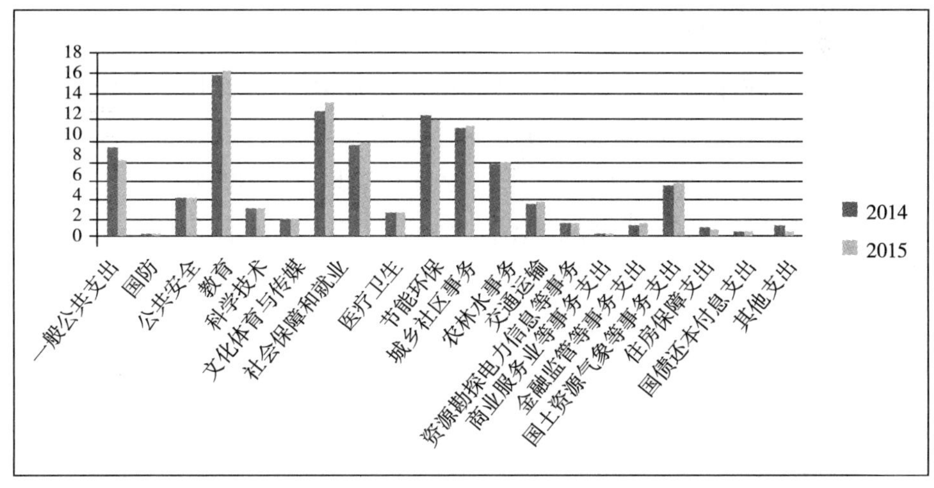

图 2－15 2014—2015 年安徽省各项财政支出占比

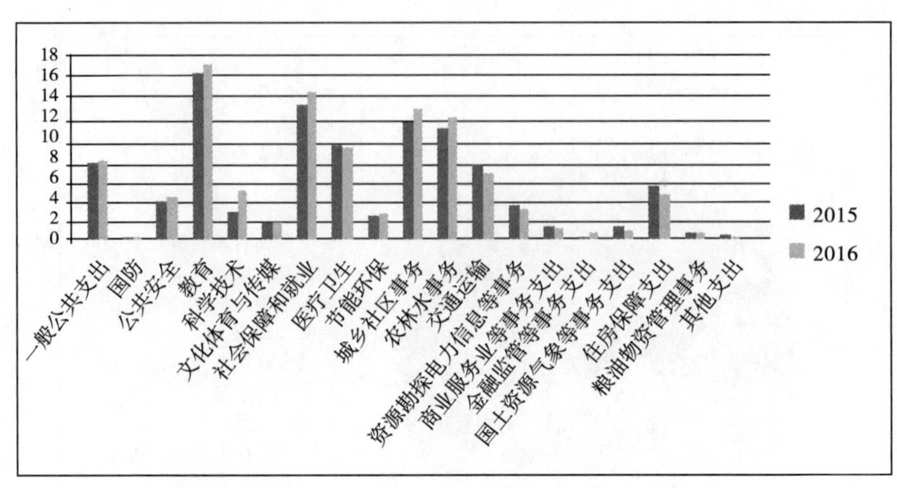

图 2-16 2015—2016 年安徽省各项财政支出占比

（二）安徽省财政支出弹性

弹性是一个变量的变动百分比与另一变量变动百分比的比值，反映一个变量对另一变量变动的敏感程度。财政支出弹性则是指每项财政支出的变动增长率与财政支出总额增长率的比值，即每项财政支出对于财政支出总额增长幅度的灵敏度。如果某一个财政支出项目的财政支出弹性大于 1，说明此支出项目的增长幅度大于财政支出总额的增长幅度，促进了财政支出总额的增大。同理，若一个财政支出项目的财政支出弹性小于 1，说明其增长幅度小于财政支出总额的增长幅度，促进了财政支出总额的减少。

2015 年财政支出总规模相对于 2014 年增长幅度为 12.1%。在各项支出中，增长速度最快的资源勘探电力信息等事务的财政支出弹性达到 1.73，说明此项支出规模的增长推动了财政支出总额的增加。其他占财政支出规模较大比重的社会保障与就业、节能环保的财政支出弹性分别为 1.65、1.56。此外，由于粮油物资管理事务和商业服务业等事物支出同期增幅为负值，其财政支出弹性也为负值，其数额分别为－1.73、－0.19。

2016 年财政支出总规模相对于 2015 年增长幅度为 5.6%。其中教育、社会保障与就业、城乡社区事务、农林水事务和医疗卫生事务支出的支出弹性分别为1.07、1.63、1.96、1.38和－0.28。

表2－13　安徽省各项财政支出弹性

指标	2014年		2015年		2016年	
	同期增长（%）	财政支出弹性	同期增长（%）	财政支出弹性	同期增长（%）	财政支出弹性
一般公共支出	1.2	0.12	0.50	0.04	2.96	0.53
国防	3.9	0.40	1.81	0.15	7.95	1.42
公共安全	21.25	2.17	9.38	0.77	12.70	2.27
教育	0.6	0.06	13.97	1.15	6.01	1.07
科学技术	17.6	1.79	11.97	0.99	73.02	13.04
文化体育与传媒	3.5	0.36	4.92	0.41	－5.58	－1.00
社会保障和就业	7.8	0.80	20.02	1.65	9.14	1.63
医疗卫生	3.5	0.36	13.88	1.14	－1.54	－0.28
节能环保	1	0.10	18.94	1.56	8.28	1.48
城乡社区事务	19	1.94	12.06	0.99	10.97	1.96
农林水事务	5.1	0.52	13.53	1.11	7.74	1.38
交通运输	22.2	2.26	12.39	1.02	－10.43	－1.86
资源勘探电力信息等事务	7	0.71	21.05	1.73	－12.93	－2.31
商业服务业等事务	4.7	0.48	－2.25	－0.19	－8.51	－1.52
金融监管等事务支出	106	10.81	14.55	1.20	376.33	67.20
国土资源气象等事务	3.5	0.36	14.15	1.17	－32.98	－5.89
住房保障支出	－33.1	－3.37	16.06	1.32	－14.56	－2.60
粮油物资管理事务	5.4	0.55	－21.02	－1.73	－0.47	－0.08

表格说明：支出弹性＝各项支出增长率/财政支出增长率。

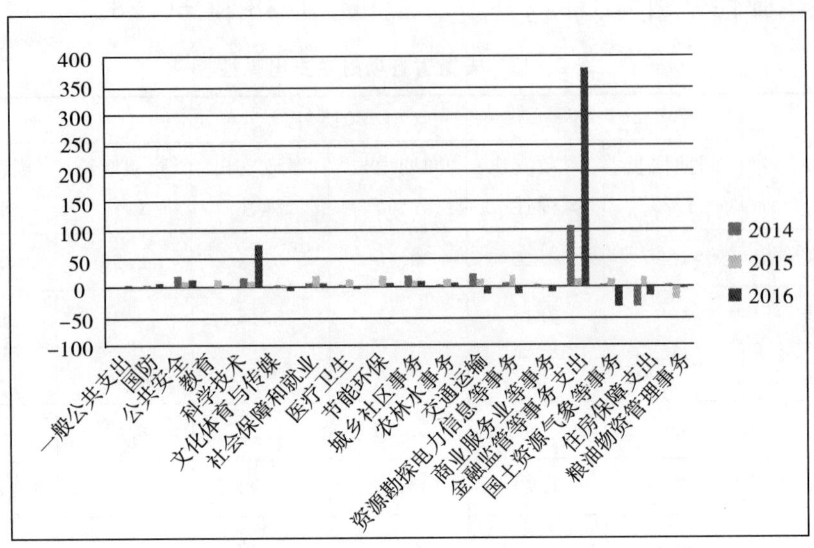

图 2-17 安徽省各项支出同期增长率

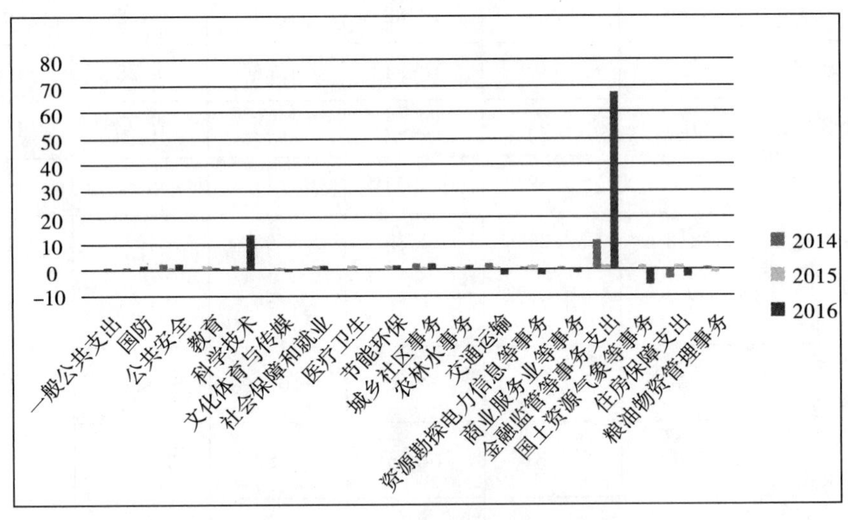

图 2-18 安徽省各项支出的弹性系数

二、2015—2016 年安徽省财政支出结构分析

随着财政支出规模的不断扩张，安徽省重点项目的支出得到了有效保障。全省教育、医疗卫生、住房保障、社会保障和就业等与民生

直接相关的支出大幅增长，经济强省、文化强省和生态强省建设得到持续加强。

（一）加大实体经济支持力度，促进经济稳定增长

2015年上半年，安徽省争取地方政府债券额度782亿元，自主成功发行首批地方政府债券312亿元，争取世行及外国政府贷款资金1.6亿美元，拨付铁路、公路、水运、水利等基础设施项目建设资金266亿元，PPP项目签约2个全国示范项目和12个城市基础设施领域项目，以政府性投入带动投资增长。支持创新助力转型，安排工业发展资金4.7亿元，推动传统产业创新转型。省级财政安排战略性新兴产业聚集基地建设引导资金和创新型省份建设资金27亿元，支持推进创新驱动战略实施。统筹安排1.8亿元推动文化产业加快发展，争取中央补助3亿元支持市场化方式发展养老服务产业试点，争取中央补助1.5亿元支持创建电子商务进农村综合示范，引导服务业集聚发展。争取更多中央补助资金，支持企业淘汰落后产能。扶持小微企业激发活力。支持合肥市成功获批全国小微企业创业创新基地，获得中央资金9亿元；省级财政安排31亿元充实政策性担保机构国有资本金，推进银政担风险分担机制试点，截至6月底，全省政策性担保机构在保余额1532亿元，放大担保倍数3倍，大众创业、万众创新的市场环境进一步改善。

2016年上半年，安徽省争取国家工业结构调整奖补资金10.97亿元，省财政相应安排资金对各市推进“三去一降一补”工作给予奖补，明确市县政府和企业投入责任，支持“三煤一钢”重点企业脱困发展和转型升级。支持加快剥离国有企业办社会职能和解决历史遗留问题，推动国企国资改革。落实减税降费政策。全面落实结构性减税政策，严格落实营改增、所得税、增值税等优惠政策。严格落实教育费附加、水利建设基金、育林基金、价格调节基金等收费免征、停征政策，全年预计减轻企业负担超10.5亿元。落实社会保险降费和降低公积金缴存比例政策，取消省级“生育证工本费”项目，省级行政事业性收费项目降为18项，涉企项目仅1项，降低实体经济企业成本。加大投入带动需求。争取新增地方政府债务限额470亿元，自主成功发行地方

政府债券1359.4亿元，每年可节约融资成本62亿元。累计争取国开行棚户区改造贷款1231亿元，大力推进棚户区改造货币化安置。多渠道筹集水利建设资金，大力实施水利安徽战略，支持引江济淮骨干工程建设。争取中央财政基建投资73.1亿元，争取中央资金81.2亿元、安排15亿元支持公路交通建设，安排37.4亿元支持铁路项目建设，有力支持各地融资需求。缓解小微企业融资困难。继续安排31亿元充实政策性担保机构国有资本金，深入推进“4321”新型政银担合作机制，建立省级融资担保风险补偿专项基金，全省政策性担保机构在保余额1386.7亿元，担保放大倍数达4倍。继续调拨10亿元并引导市县区加大投入，为小微企业提供短期过桥资金。全面落实县域金融机构涉农贷款增量奖励、新型农村金融机构定向费用补贴和创业担保贷款贴息等政策，畅通金融服务实体经济渠道。

（二）推进民生工程，发展社会事业

2015年上半年，共拨付33项民生工程资金594.7亿元，占年初计划的81.9%，超过序时进度31.9个百分点，超出去年同期5.8个百分点。中央和省级资金已下达577.1亿元，占年初计划筹资额的91.9%，超过序时进度41.9个百分点，拨付进度进一步加快。加快社会事业发展。全省财政投入335亿元，推动各项教育事业协调发展；投入415亿元，完善就业和社会保障体系，稳步提高保障标准；投入249亿元，支持医疗卫生与计划生育事业发展。拨付106亿元，支持19.3万套新开工保障性安居工程建设。支持机关事业单位养老保险和工资制度等改革，调整人员经费供给政策，完善事业单位公用经费定额体系。保障困难群体生活。省级财政下拨3.5亿元，支持市县落实老村干、老民师、老放映员、老养护工等“老字号”群体生活补助政策。拨付20.4亿元，重点支持农民工、高校毕业生、困难群体就业创业。完善家庭经济困难学生资助体系，为89万人次发放补助资金20亿元。“一卡通”发放惠农补贴73亿元，各项惠农政策落到实处。下拨12.6亿元，继续推进大别山区和皖北地区扶贫开发。支持生态环境保护。省级安排3.1亿元、争取中央补助0.4亿元，支持千万亩森林增长工程，新增造林面积153万亩。统筹安排12亿元，推进大气污染防治和水环境保护，对全省秸秆禁烧与综合利用实行以奖代补。统筹安排9亿元，推进新安江流域水环境生态补偿，继续实施大别山区水环境生态补偿试点，推进太平湖等湖泊综合治理工程。支持池州市成功获批国家海绵试点城市，获得中央资金12亿元。

2016年上半年，共拨付33项民生工程资金750.8亿元，占年初计划的91%，其中，中央和省级下达资金628亿元，占年初计划的87.9%，进一步减轻了市县资金压力。推进基本公共服务均等化。统一城乡义务教育经费保障机制，公用经费生均补助标准由小学264元、初中375元分别提高到600元、800元。城乡居民医保补助标准由380元提高到420元。基本公共卫生服务补助标准由每人40元提高到45元。促进就业创业。拨付16.7亿元，落实支持大众创业、万众创新的财税政策，重点支持农民工、高校毕业生、困难群体就业创业。整合职业培训补贴、稳岗补贴等12项普惠性政策，落实化解钢铁煤炭产能过剩中职工安置社保资金12.3亿元，全力做好去产能企业职工安置工作。拨付4.7亿元，购买5万个公益性岗位，落实促进残疾人创业就业三年行动计划。调拨2.1亿元失业保险省级调剂金，扩大创业担保贷款贴息范围，支持零就业家庭动态“清零”。支持脱贫攻坚。建立并落实专项扶贫资金预算与地方财力增量挂钩机制，省级、贫困县及所在市按照当年地方财政收入增量20%以上，其他有脱贫任务的市、县按照增量10%以上，增列专项扶贫资金；明确有关存量资金50%以上用于脱贫攻坚。目前，全省投入扶贫资金67.1亿元，较上年增加35.2亿元，增长110%。同时，安排一般债券资金40.1亿元，省对下新增均衡性转移支付中安排5亿元，合力支持脱贫攻坚。牵头成立易地扶贫搬迁融资理事会，积极实施健康脱贫工程，农村贫困人口报销补偿比例由68%提高至90%，并探索资产收益扶贫，将财政资金形成的资产折股量化到贫困村集体和贫困户，拓宽增收渠道。

（三）增加“三农”投入，统筹城乡区域协调发展

2015年安徽省聚焦重点、突出引导，加大资金整合力度，加大城乡发展统筹力度。安排专项资金27.8亿元，支持皖北“四化”协调发展先行区、大别山革命老区、皖江示范区及南北合作共建、中新苏滁、

郑蒲港等区域和园区发展。支持现代农业发展。不断加大“三农”投入，全省农林水事务支出 249 亿元，增长 5.5%。拨付 5.6 亿元，支持农民专业合作社、龙头企业、家庭农场等新型农业经营主体发展。拨付 15.9 亿元，推进农田水利设施建设。支持美好乡村建设。全省财政投入资金 42.4 亿元，整合 56.2 亿元，吸引社会资金 24.4 亿元，大力支持中心村规划建设和自然村环境整治。继续增加美丽乡村建设试点工作投入。下拨中央和省级财政资金 17.3 亿元，加快农村“一事一议”财政奖补工作。统筹安排资金 5.4 亿元，推进农村土地确权登记颁证试点、农村金融综合改革等工作。

2016 年安徽省统筹安排城镇“五统筹”专项经费 4 亿元，省对下新增均衡性转移支付中安排 5 亿元，支持推动新型城镇化试点省建设。下拨美丽乡村省级奖补资金 10.6 亿元，“一卡通”发放涉农补贴 117.7 亿元，安排 1.2 亿元推进农村综合改革示范试点，投入 25.2 亿元“一事一议”奖补资金支持农村公益事业发展。投入 24.6 亿元，全面推进农村基层党组织保障工程。开展农村公共服务运行维护试点，推动建立村级公共基础设施管护机制。突出支持现代农业。探索支农资金奖补方式改革，印发推进财政支持现代农业发展奖补资金规范化建设实施意见。全面推开农业补贴“三合一”改革，拨付农业支持保护补贴资金 72 亿元。投入 22.8 亿元，支持提升粮食生产能力。投入 43.4 亿元，推进高标准农田和优质特色农产品基地建设。率先在全国推进农业信贷担保体系建设，为种粮大户提供担保贷款 3.1 亿元。争取中央资金 4000 万元，支持农垦农场改革。突出创新投入方式。积极通过政府购买服务、PPP 等方式支持经济社会发展，实施政府购买服务项目 2980 个，涉及资金 120 多亿元；启动 PPP 项目 29 个，总投资 334.7 亿元，落地率为 48.3%，比全国平均水平高 24.5 个百分点。

三、安徽省财政支出结构优化

（一）优化财政支出结构的原则

财政支出结构优化是指在一定时期内，在公共财政支出总规模占国民生产总值比重合理的前提下，为了满足实现政府特定的政策目标，满足各种不同的社会公共需要，合理分配各项财政支出要素占财政支出总量的比例。公共财政支出结构的调整和优化必须与政治经济发展的情况和政府经济目标相适应。在目前阶段，财政支出结构的优化应坚持以下原则：

1. 适应性原则。适应性原则是指财政支出结构与可支配财力、支出目的、财政体制、经济发展阶段等的适应程度。总体来说，公共财政支出是为了满足不同种类、不同层次的社会公共需要。在一定时期的社会经济体制和其他条件约束下，财政支出在满整个社会公共需要时应有所侧重，并且保持与政府的财力水平相适应，财政体制相适应，与经济发展阶段相适应，使得支出结构表现出该经济发展阶段的主导特征。

2. 协调性原则。支出结构的协调是动态的协调，是结构内部各项支出的相互适应。相互协调并不是各个要素不分主次的平均发展，而是在有着明确的主与次、重点与非重点的区分的基础上的相互协调。

3. 效益型原则。效益性原则是指支出结构的变动应该使为支持结构的所费与结构发展带来的所得之间具有低投入、高产出的特征。从根本上说，支出结构的转换过程应该是不断提高结构效益的过程，支出结构效益不但指经济效益，而且包括社会效益、生态环境效益。

4. 渐进性原则。渐进性原则是指公共财政支出结构的优化要循序渐进。目前的财政支出结构是长期计划经济所积累的，尽管经过了30多年的改革，但是仍然存在一些不合理的体制，社会主义市场经济制度尚不完善，政府职能还未根本改变，财政支出越位缺位并存、资金使用绩效不高等现象依然存在。因而，财政支出结构的优化必须以政府职能转变为依据，循序渐进地进行。

（二）优化安徽省财政支出结构的政策建议

1. 把握机遇发展经济，优化支出结构。在“十三五”时期，世界经济将从低速调整进入温和增长期，随着我国城市化进程加快，市场经济深化，技术创新稳步推进，人力资源迅速积累和当前社会经济问题的解决等经济上行因素的影响，我国经济增长将会在很大程度上得益于制度创新红利和社会管理红利，从而再度出现持续期较长的高速增长，将实施积极的财政政策同全面深化改革紧密结合起来，努力巩固经济稳定向好的势头。要借此机会优化政府投资结构，争取更多中央财政资金，支持保障性安居工程、城镇基础设施、“三农”、交通等重大基础设施，以及生态、节能、环保等重点领域的项目建设。发挥财政资金引导作用，支持各地主导产业发展，加快培育核心产业的竞争优势。支持现代服务业发展，加快产业结构调整步伐。

2. 坚持以点带面，加快美丽乡村建设步伐。全面贯彻党的十八大和十八届三中、四中、五中、六中全会精神，深入学习贯彻习近平总书记系列重要讲话精神，按照全面建成小康社会和建设社会主义新农村的总体要求，牢固树立和贯彻落实创新、协调、绿色、开放、共享的发展理念，坚持政府引导、农民主体，坚持规划先行、彰显特色，坚持因地制宜、分类指导，坚持突出重点、逐步提升，坚持统筹联动、立体推进，推动“以点为主”向“由点到面”战略转换，全面推进美丽乡镇建设、中心村建设和自然村环境整治，协调推进产业发展、社会管理和精神文明建设，努力打造农民幸福生活的美好家园。主要目标是，全面推进美丽乡镇建设，力争用两年左右的时间完成所有乡镇政府驻地建成区整治建设任务；加快推进中心村建设，到 2020 年力争 80％中心村达到美丽乡村建设要求；广泛开展自然村环境整治，到 2020 年力争 90％以上的村庄脏乱差得到有效治理；积极探索整县推进美丽乡村建设。

3. 坚持共享发展，精准实施民生工程。要坚持共享发展理念，把握突出重点、雪中送炭、解决亟须、量力而行的原则，从解决群众最关心、最直接、最现实的利益问题入手，更加注重保基本兜底线，更加注重对特定人群特殊困难的精准帮扶，更加注重人人参与、人人尽力、人人享有，统筹安排好民生项目，织就密实的民生保障网。要加强分类指导，科学实施民生工程，探索建立长效管护机制，着力提升实施效果。要把实施民生工程与推进结构性改革结合起来、与开展脱贫攻坚结合起来、与加强美丽乡村建设结合起来，形成联动效应。要强化资金保障管理，调整优化财政支出结构，大力压缩一般性支出，探索建立多元化投入机制，引导社会资本参与民生工程建设运营管理。

要完善长效机制，落实工作责任，注重群众参与，开展绩效评价，加强督查考核，使民生工程真正成为惠及广大人民群众的民心工程。

第四节　2017 年安徽省财政支出形势及政策前瞻

2016 年安徽省财政支出达到了 5530 亿元，比上年同期增长 5.6%，到 2017 年，安徽省财政支出的重点仍将是民生支出。2016 年财政支出的增长与经济的发展基本保持一致，财政支出规模稳定增长，财政支出结构有所优化，财政支出的调控作用得到了进一步的发挥。

一、2017 年安徽省财政支出形势

当前，安徽经济仍面临着下滑压力，财政收入中低速增长常态化，促改革、惠民生等各项刚性支出压力持续攀升，面对新一阶段的财税制度，预计 2017 年的财政收支赤字现象会更加严峻，财政形势不容乐观。

（一）“十三五”新时期将给财政支出带来压力

中国共产党第十八届中央委员会第五次全体会议，于 2015 年 10 月 26 日至 29 日在北京举行。全会听取和讨论了习近平受中央政治局委托做的工作报告，审议通过了《中共中央关于制定国民经济和社会发展第十三个五年规划的建议》。另外，2015 年中央经济工作会议提到，“积极的财政政策要加大力度”，相比于去年中央经济工作会议中“积极的财政政策要有力度”的提法，今年的变化在于“加大”。会议提到，实行减税政策，阶段性提高财政赤字率，在适当增加必要的财政支出和政府投资的同时，主要用于弥补降税带来的财政减收，保障政府应该承担的支出责任。实行减税会使政府的财政收入降低，财政收入是财政支出的来源，加之阶段性的提高财政赤字率，由此可见“十三五”的新一年将会给财政支出带来不小的压力。

（二）“创新重点领域投融资”加大了对财政支出规模的要求

为推进经济结构战略性调整，加强薄弱环节建设，促进经济持续健康发展，国务院印发了《关于创新重点领域投融资机制鼓励社会投

资的指导意见》(国发〔2014〕60 号)。根据国务院文件精神，省发展改革委会同有关部门起草了《关于创新重点领域投融资机制鼓励社会投资的实施意见》。《实施意见》围绕“投什么”“谁来投”“怎么投”等 3 个问题，在加快推进农业和水利、交通、能源、生态环保、市政基础设施、社会事业、信息和民用空间设施等 7 大领域，提出了一系列的改革措施。为了保证上述七大领域的投融资机制可以实现创新性的进展，需要有效发挥政府投资的引导和带动作用，优化政府投资方向，无疑会增加政府支出，提高对政府支出规模的要求。

(三) 民生支出仍然是财政支出的重点

当前国家加快推进新农村建设，党中央、国务院对“三农”和民生发展高度重视，中央“一号文件”和党的十八大都围绕这两个问题着重强调。2015 年，安徽省累计拨付民生工程资金 686.3 亿元，2015 年上半年，共拨付 33 项民生工程资金 594.7 亿元，占年初计划的 81.9%，2016 年上半年，共拨付 33 项民生工程资金 750.8 亿元，占年初计划的 91%，其中，中央和省级下达资金 628 亿元，占年初计划的 87.9%，进一步减轻了市县资金压力。在未来一年中，民生支出仍然是财政支出的重点。

(四) 房地产税的进一步改革对财政支出的影响

根据房地产税改革的进度，2017 年房地产税预期能够进入立法阶段。房地产税的立法实施，有利于规范房地产税的实施。安徽省财政支出一直以来都较为依赖中央的转移性支付，省级财政调控能力十分薄弱，财力上对中央依赖度较高。房地产税的征收有利于地方财政收入的增加，可以提高地方政府的独立性，减少对中央政府的依附，从而提高地方政府财政支出的主动性，在提高地方政府财政支出规模的同时有利于地方政府自主调整财政支出结构，提高财政调控能力。

从总体而言，由于安徽省经济的不断发展，经济中各方面的总量基数的扩大，以及安徽省对民生建设的重视以及未来一系列相关政策出台，预期安徽省 2017 年的财政支出规模仍会扩大，但是相对规模的增长率将会有所放缓，财政支出结构会得到进一步优化。

二、2017年财政政策前瞻

2017年是“十三五”规划的第二年。安徽省各级财政部门将全面贯彻党的十八大、十八届三中、四中、五中、六中全会和中央经济工作会议精神，更加紧密地团结在以习近平同志为核心的党中央周围，统筹推进“五位一体”总体布局和协调推进“四个全面”战略布局，坚持稳中求进的工作总基调，牢固树立和贯彻落实新发展理念，适应把握引领经济发展新常态，坚持以提高发展质量和效益为中心，坚持以推进供给侧结构性改革为主线，适度扩大总需求。重点做好以下六个方面的工作：

（一）突出财政引导，着力推动创新发展

扎实推进供给侧结构性改革，认真贯彻五大政策，全面落实“三去一降一补”五大任务，支持煤炭、钢铁化解过剩产能，促进脱困发展和转型升级，新增安排工业投资综合奖补资金支持各地产业转型发展。扩大棚改货币化安置和公租房货币化保障比例，积极推进去库存和降成本。支持灾后水利水毁修复与薄弱环节建设性治理三年行动计划，推动农业水利和生产设施建设，积极筹措资金支持推进引江济淮等重大水利工程建设，加大政府有效投资力度。支持“三重一创”建设工程，扩大省级“三重一创”专项资金规模，创新资金使用方式，强化资金绩效考核，汇聚更多政策和资源，推动建立创新型现代产业体系，塑造更多发展优势。统筹推进创新体系建设，扩大创新型省份建设专项资金规模，扩大省级人才专项资金规模，设立工业转型升级（中国制造2025安徽篇）资金，聚焦技术和产业创新、资本和金融创新、平台和企业创新、制度和政策创新四大领域，统筹产业技改、科技、人才等资金，支持量子信息国家实验室、合肥综合性国家科学中心等重大创新平台建设。支持农业供给侧结构性改革，健全农业支持保护体系，支持推进玉米收储制度改革，支持政策性粮食库存消化，推进高标准农田建设，完善粮食主产区利益补偿机制，提高粮食综合生产能力。支持开展农业产业化攻坚，推进现代生态农业产业化示范创建，加快推进省以下农业信贷担保体系建设和运营，积极培育新型

农业经营主体、农业社会化服务主体和农业产业化联合体，加大“三品一标”农产品补助力度，支持发展大循环农业，提升农业竞争力。加快现代服务业发展，以科技创新走廊和双创特色小镇建设为平台，支持开展服务标准化试点，大力发展生产性服务业和生活性服务业，支持把旅游产业打造成经济发展的重要增长极和重要支柱产业。引导云计算、大数据、移动互联网、现代服务业等发展，加快发展高技术、高附加值服务外包业务，推进一批孵化器、加速器、众创空间等创新创业平台，促进工业转型升级。创新财政支出方式，鼓励发展天使投资基金、风险投资基金和产业发展投资基金，支持探索基金＋产业、基金＋项目、基金＋激励的资金投入方式，加强与金融机构资本合作，健全普惠金融政策的正向激励机制。健全融资担保业务风险补偿机制，推广政府与社会资本合作机制，支持深化投资管理体制改革，改革完善省级财政科研项目资金管理，积极盘活政府性资金、资产、资源，多渠道筹措财政资金，支持制造强省、科教大省、技工大省建设，更好地发挥财政资金的引导和撬动作用。

（二）突出活力激发，着力推动协调发展

完善区域发展财政政策体系，全面落实已有的各项支持皖江、皖北、大别山区、皖南发展的财政政策，积极推进合肥都市圈、皖江示范区、淮河生态经济带、皖南国际文化旅游示范区、大别山革命老区建设，加快形成圈带互动、多点支撑的五大板块联动发展格局。优化基础设施区域布局，坚持“一尊重、五统筹”，支持绿色城市、智慧城市和安全城市建设，助力资源型城市转型发展，推进水利安徽和海绵城市、地下综合管廊建设，全面支持铁路、公路、航道、航空、电网、气（油）管线、信息网络、物流通道建设，着力打造现代基础设施体系，加快补齐基础设施短板。支持推进新型城镇化试点省建设，统筹推进户籍制度改革和基本公共服务均等化，协同推进新型工业化、信息化、城镇化、农业现代化建设。支持县域经济发展，支持实施县域经济振兴发展工程，创新财政支持县域开发园区政策体系，促进一、二、三产业融合，支持县域特色经济、民营经济、商贸强县、生态名县和旅游文化名县建设，全面提升县域经济发展水平。深化县级基本财力保障机制，支持资源枯竭地区转型发展，加大对革命老区、贫困地区转移支付的力度。深化农村综合改革，积极支持农村土地所有权、承包权、经营权分置改革，扩大农村集体资产股份合作制改革试点，推动农业信贷担保体系向市县延伸，扩大“资源变资产、资金变股金、农民变股东”试点，探索农田水利综合改革试点，加强乡镇涉农资金监管，继续推进农村公益事业“一事一议”财政奖补，多渠道增加投入，运用发行债券、调整结构、PPP 模式等方式，撬动社会资本投入，支持农村基础设施和公共服务建设，建设农民幸福生活的美好家园。

（三）突出机制完善，着力推动绿色发展

把改善农村人居环境与推动农村经济发展、传承传统文化、保护绿水青山有机统一起来，继续加大财政综合奖补的力度，支持实施森林、湿地资源保护等重大生态保护工程和大气、水、土壤污染防治，加大退耕还林还湖力度，支持山水林田湖生态保护修复工程试点，加快推进巢湖、淮河等重点流域水污染防治，加大农业面源污染防治，推进“三线三边”为重点的城乡环境综合整治，以更大力度保护和改善生态环境。推动资源节约高效利用，支持合肥、芜湖新能源汽车推广应用，推动实施“三河一湖一园一区”生态文明示范创建工程，运用财政政策推进秸秆综合利用产业化，支持以秸秆为原料的现代环保产业和环保产业园建设。大力发展生态产业，促进旅游开发，支持打造绿色经济、平台经济、分享经济，支持发展生态环保产业，促进生态优势转化为经济优势。完善生态文明财政制度，继续推进新安江、大别山生态补偿机制建设，加大重点生态功能区转移支付力度，完善森林生态效益补偿机制，安排专项资金开展特色小镇创建，完善美丽乡村建设财政多元投入机制，安排节能和生态建设、绿色建筑及建筑产业现代化奖补资金，支持建立健全排污权、碳排放权、用能权、用水权交易制度，推动更高质量、更有效率、更加公平、更可持续的发展。

（四）突出平台载体，着力推动开放发展

深化与沪苏浙一体化发展，优化财政资金、项目、政策和制度管理，支持省内中心城市与长三角城市联动发展，支持推动省里各类园区与沪苏浙有关园区对接合作，强化产业、资本、人才、技术深度合作，加快推进基础设施共建共享、市场体系统一开放、生态环境联防联控、社会管理互通互认，推动与沪苏浙地区全方位等高对接。支持引进来、走出去，坚持引资与引智、进口和出口并重，支持争创国家自由贸易试验区和合芜蚌金融服务自主创新综合改革，提升与央企对接活动、与知名民企合作水平，支持举办徽商大会和中博会，加快培育“走出去”企业联盟和行业协会商会，推进国际产能和装备制造合作，推进中德合作产业园建设，支持跨境电子商务综合试验区建设，支持“电商安徽”建设，支持强化对外经贸交流，支持积极发展服务贸易，统筹水、路、港、岸、产、城布局建设，推进岸线资源综合开发，打造内陆开放新高地。支持促进外贸回稳向好，继续落实促进外贸发展各项财政政策，加强资金统筹整合，培育壮大外贸主体，支持加快大通道、大平台、大通关建设，促进对外贸易提质增效升级。

（五）突出民生保障，着力推动共享发展

落实以人民为中心的发展思想，守住底线、突出重点、完善制度、引导舆论，着力保障基础性、普惠性、兜底性民生，着力解决人民群众普遍关心的突出问题。继续实施 33 项民生工程，预计投入 940.2 亿元，增长 13.9%，新增安排水利薄弱环节治理三年行动、健康脱贫兜底“351”及建档立卡贫困患者慢性病费用补充医疗保障“180”等 6 项工程，整合归并 6 项，提标扩面 5 项，继续实施 22 项。健全财政民生工作和民生工程绩效、责任、激励、督查问责“四位一体”的推进机制，健全工程建后管养长效机制，持续发挥民生工程功效。全力支持脱贫攻坚，省级新增专项扶贫预算资金 5 亿元，预计市县新增专项扶贫资金 15 亿元，全面推进贫困县涉农资金整合，严格落实“一办法、三清单”机制，着力推进产业扶贫与资产收益扶贫深度融合，完善贫困人口长效脱贫机制。开展扶贫资金专项监督检查，提高资金使用效益。推进基本公共服务均等化，支持扩大学前教育资源，推进义务教育学校标准化建设，免除普通高中建档立卡等家庭困难学生学杂费，落实高职、高校生均拨款政策，支持实施技工大省建设行动计划。落实更加积极的就业政策，支持开展“创业江淮”行动计划，完善就业援助措施，支持做好化解过剩产能职工安置，鼓励农民工就近就业和转移就业，对贫困家庭劳动者提供每年1次免费技能培训，确保零就业家庭动态“清零”。支持推进社会保障全覆盖工程，统筹做好工伤保险基金省级统筹，推进最低生活保障制度城乡统筹发展，保障农村低保对象待遇，支持构建社会托底保障体系。深入推进健康安徽建设，推进城乡居民基本医疗保险整合，大力发展健康产业，支持公立医院债务化解，完善社会救助体系。落实文化强省建设专项资金，扎实做好文物挖掘利用和保护，加快公共文化设施建设。推进平安安徽建设，支持提升社会治安综合治理水平，推进立体化信息化社会治安防控体系建设和矛盾纠纷多元化解，加强和创新城市社区管理。支持质量安徽建设，把绿色优质农产品供给放在突出位置，推进食品药品安全监督管理。支持加强综合防灾减灾救灾能力应急体系建设。创新财政供给方式，坚持盘活存量、用活增量，更多运用政府购买服务方式，扩大民办公助、公办民营覆盖范围，保障教育、医疗、养老、社保等改革，积极支持社会事业发展，提高基本公共服务供给质量和效率，使发展成果更多更公平地惠及全省人民。

（六）突出质量效益，着力深化财税改革

继续深化预算管理改革，持续深化预算信息公开，拓展预算公开评审，完善省级预算项目储备和存量资金定期清理机制，简化政府采购程序，明确各部门预算编制和预算执行主体责任，加快预算执行进度，推进财政资金统筹。继续清理规范并逐步减少专项转移支付，改变财政支出项目只增不减的固化格局，支持探索竞争性领域专项资金转化为股权投资基金，充分发挥财政资金效益。加快构建权责发生制政府综合财务报告制度。健全以政府债券为主体的举债融资机制，规范举债行为，加强风险防范，确保不发生系统性、区域性财政风险。持续推进税制改革，进一步落实营改增、资源税等改革政策，配合推进增值税、资源税等立法，做好环境保护税开征准备和个人所得税税制改革前期准备，积极推进健全地方税收收入体系。完善省以下财政体制，进一步推进省以下财政事权和支出责任划分改革，贯彻落实中央和地方收入划分总体方案，落实支持农业转移人口市民化的各项财政政策，激发财政体制机制活力。主动接受省人大和人大代表监督，持续抓好《预算法》《预算审查监督条例》等财经法律的贯彻落实，配合省人大常委会做好《安徽省非税收入管理条例》立法工作，坚决落实人大审查决议，认真办理人大代表建议议案和政协委员提案，主动接受人大代表和政协委员监督，不断提高为民理财水平。严肃财经纪律，深化财政内控建设，建立覆盖预算编制、执行和绩效管理的制度体系。积极落实审计监督要求，建立整改责任清单、督查清单，加强财经纪律的监督检查，确保财政运行安全高效，为经济社会发展提供良好的财经环境。

特别篇·安徽省财政支出之民生支出

一、民生支出的概念

党的十七大报告提出要保障社会公众基础民生需求的供给，争取让全体人民衣、食、住、行有保障。党的十八大报告提出要继续加强对于保障和改善民生的重视程度，把其作为经济社会建设的重点。民生支出作为与人民生活密切相关、对人民生活有重大影响的公共领域的财政支出，近年来备受国家和人民群众的关注。

按照财政部统计口径，民生支出分为“与民生直接相关的支出”和“与民生密切相关的支出”，其中，“与民生直接相关的支出”包括教育、文体传媒、社保和就业、医疗卫生、住房保障等5个类级科目；“与民生密切相关的支出”包括科技、节能环保、城乡社区事务、农林水、交通运输、商业服务业、国土资源气象、粮油物资储备等8个类级科目。

二、安徽省“十二五”期间民生支出概况

“十二五”期间，安徽省财政支出规模实现新跨越，2015年突破5000亿元，5年累计完成2.2万亿元，是“十一五”时期的2.5倍，

年均增长 15.1%。其中，民生支出 5 年累计达 1.8 万亿元，民生支出占财政支出的比重由“十一五”末的 76.9%提高到“十二五”末的 83.7%。

“十二五”时期，安徽省财政支出更多地向“三农”倾斜、向艰苦地区倾斜、向基层一线倾斜、向困难群体倾斜，倾力保障民生。民生工程实施做到可持续、保基本、常态化，5 年累计投入 3051.7 亿元、累计实施 43 项民生工程，直接发放或补助到人的资金 2099.4 亿元，占资金总额的 68.8%，惠及 6000 多万城乡居民。各地、各部门积极实施政府购买服务，创新民生工程的运行机制、项目征集机制、管理机制、效果巡视机制，民生热点难点问题得到有效缓解，基本公共服务保障体系进一步完善。

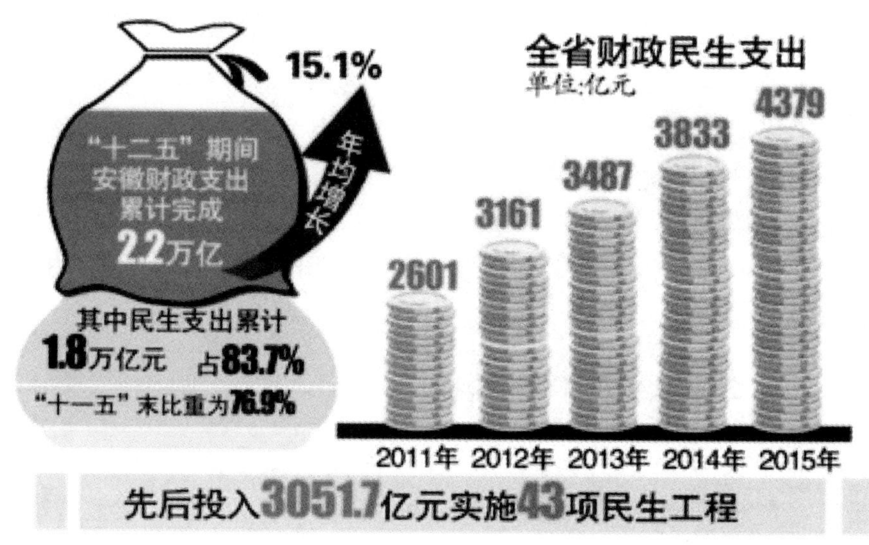

图 2-19　“十二五”期间安徽八成财政支出投向民生

三、2016 年安徽省民生支出实现情况

安徽省财政厅厅长罗建国表示，“十三五”时期，安徽将按照以人为本、统筹兼顾，量力而行、雪中送炭，突出绩效、共建共享的原则，立足基本民生，加大对脱贫攻坚工程和公共服务供给的投入，守住民

生底线，积极而为、量力而行，多做打基础、利长远、建机制、可持续的事情，以组织实施民生工程带动民生问题的有效解决，引导人民群众在共同奋斗中共享改革发展的成果。

2016 年是“十三五”的第一个年头，1—11 月，全省民生支出 4234 亿元，增长 9.4%，占全省财政支出的 82.8%，各项就业扶持、社会保障、教育事业、医疗健康等支出实现较快增长，基本公共服务均等化持续推进，33 项民生工程全面完成。

在收支矛盾比较突出的情况下，安徽省坚持将财力向民生倾斜、向基层倾斜、向困难群众倾斜，逐步提高民生支出占比，逐步丰富民生工作内容和对象，从最初的解决生活难、看病难、上学难等“三难”问题，到推进学有所教、劳有所得、病有所医、老有所养、住有所居等“五有目标”，有进有退，滚动发展，解决了一大批群众关心关注的问题。特别是 2016 年实施的农村道路畅通工程、农产品食品安全工程、老旧小区整治等项目，使得民生工程更加“合民意”“接地气”。

支持抗洪救灾和灾后重建是 2016 年安徽省民生投入的重要内容。据统计，2016 年全省累计投入防汛救灾资金 28.3 亿元，其中中央资金 9.4 亿元、省财政安排 4.9 亿元、市县 14 亿元，重点支持水毁工程修复、农业生产救灾和房屋重建等，3.18 万户水毁住房群众搬进新居、安全过冬。

四、2017 年安徽省民生支出规划

财政部印发《关于切实做好 2017 年基本民生支出保障工作的通知》指出，要根据经济社会发展水平和财力状况，合理界定基本民生范围，将财政资金重点用于保障基本民生，基本民生也要坚持量力而行，并积极引导社会资本参与。财政部表示，在当前经济下行压力较大、财政收入增速放缓的情况下，必须更好地统筹民生政策与经济发展，优先保障民生投入，保障困难群众基本生活。要合理界定基本民生，突出保障重点民生，加大资金统筹力度，层层强化责任落实。要调整优化财政支出结构，着力解决重点地区、重点领域和重点人群的基本民生保障问题，兜牢兜实民生底线。

安徽省财政工作视频会议要求，2017 年要继续优化保障基本民生和重点支出，围绕五大发展行动计划，优化财政支出结构，支持供给侧结构性改革，全力支持“三重一创”、“去降补”、“全创改”、水利薄弱环节治理等重点项目以及引江济淮等重大基础设施建设，支持制造强省、科教大省和技工大省建设。全面落实脱贫攻坚、生态文明和环境保护、困难职工安置和实施慢性病健康保险试点、贫困地区公立医院债务化解等支出。其中，各级财政部门要把脱贫攻坚作为重中之重，保障预算投入。初步测算，2017 年全省财政安排扶贫专项资金 52.7 亿元，增长 49.7%，其中省级资金 13 亿元，增长 18.2%。

为全面贯彻党的十八大和十八届三中、四中、五中、六中全会精神，深入学习贯彻习近平总书记系列重要讲话特别是视察安徽重要讲话精神，全面落实省第十次党代会和省委十届二次全会决策部署，持续做好保障和改善民生工作，安徽省政府决定，2017 年投入 940.2 亿元，实施 33 项民生工程。

（1）新增 6 项民生工程：水利薄弱环节治理三年行动、技工大省技能培训工程、健康脱贫兜底“351”及建档立卡贫困患者慢性病费用补充医疗保障“180”工程、贫困地区农村义务教育学生营养改善、秸秆综合利用提升工程和医疗卫生人才能力提升工程。

（2）提标扩面 5 项民生工程：就业扶持工程、城乡居民基本医疗保险、公共卫生服务及妇幼健康、计生特扶、义务教育经费保障机制和高校、中职和普通高中家庭经济困难学生资助。

（3）整合归并 6 项民生工程：原农村五保供养及运行维护、孤儿基本生活保障、生活无着人员社会救助，合并为特困人员供养及生活无着人员救助项目继续实施。原基本公共卫生服务、妇女儿童健康水平提升工程、计划生育家庭特别扶助合并为公共卫生服务及妇幼健康、计生特扶；新型农村合作医疗、城镇居民基本医疗保险，合并为城乡居民基本医疗保险，作为提标扩面项目继续实施。原就业技能和新型农民培训并入新增的技工大省培训提升工程。通过上述整合，原有民生工程项目基本内容未改变，项目数减少 6 项。

（4）继续实施 22 项：继续实施农村道路畅通工程、农村危房改造、农村饮水安全巩固提升工程、农村居民最低生活保障、特困人员供养及生活无着人员救助、贫困残疾人康复、残疾人生活和护理补贴、城乡困难群体法律援助、美丽乡村建设工程、小型水利工程改造提升、山区库区农村住房保险试点、政策性农业保险、提升农村基层党建与服务经费保障、城乡居民大病保险、城乡居民基本养老保险、城乡医疗救助、社会养老服务体系建设、公共文化场馆开放、农村文化建设专项补助、农产品食品安全工程、棚户区改造、城市老旧小区整治等22 项民生工程。

第三章　安徽财政精准扶贫状态评价及建议

2013 年 11 月 3 日，习近平赴湘西调研扶贫攻坚时首次提出："扶贫要实事求是，因地制宜；要精准扶贫，切忌喊口号。"经过三年多实践探索和理论拓展，"精准扶贫"已成为当前我国扶贫工作的重要指导方针。2015 年以来，安徽省利用财税政策工具，始终坚持精准扶贫、精准脱贫主线，不断创新扶贫机制，以产业扶贫为抓手，激活贫困地区的"造血功能"，引导贫困地区群众加速脱贫。

一、当前安徽财政促进精准扶贫的主要政策

从政策选择上看，因安徽工业发展基础相对薄弱、农业经济影响较大、扶贫压力相对较大，安徽财政精准扶贫政策走在全国前列。表 3 - 1 为 2015—2016 年安徽省财政促进精准扶贫的政策。

表 3 - 1　安徽省财政精准扶贫政策概览

ID	发布单位	发布时间	政策名称
1	安徽省民政厅、省扶贫办、省委农工办、省财政厅、国家统计局安徽调查总队、省残联	2016. 11. 30	《关于做好农村最低生活保障制度与扶贫开发政策有效衔接的实施方案》
2	安徽省财政厅、省扶贫办、安徽省人力资源和社会保障厅	2016. 11. 17	《安徽省技能脱贫资金使用管理暂行办法》

本部分内容同时为罗鸣令主持的 2016 年度安徽省社会科学界联合会创新项目：安徽省精准扶贫的模式及成效研究（项目编号：2016CX037）的阶段性成果。

（续表）

ID	发布单位	发布时间	政策名称
3	安徽省财政厅、省民政厅、省人力资源和社会保障厅、省卫生计生委、省扶贫办	2016.11.14	《安徽省农村贫困人口综合医保资金保障和监督管理暂行办法》
4	安徽省人民政府	2016.7.26	《安徽省人民政府关于健康脱贫工程的实施意见》
5	中共安徽省委办公厅、安徽省人民政府办公厅	2016.7.22	《贯彻实施〈中共安徽省委、安徽省人民政府关于坚决打赢脱贫攻坚战的决定〉重要政策措施分工方案》
6	安徽省人民政府办公厅	2016.6.30	《安徽省人民政府办公厅关于支持贫困县统筹整合使用财政涉农资金的实施意见》
7	中国人民银行合肥中心支行	2016.6.24	《中国人民银行合肥中心支行关于运用扶贫再贷款精准支持金融扶贫工作的实施意见》
8	安徽省财政厅、省扶贫办、省发改委	2016.5.18	《安徽省财政扶贫资金管理办法》
9	安徽省财政厅、省扶贫办	2016.5.18	《关于开展资产收益扶贫的指导意见》
10	安徽省民政厅、安徽省扶贫办	2016.5.11	《安徽省民政厅安徽省扶贫办关于进一步动员社会组织参与扶贫开发的意见》
11	安徽省林业厅	2016.5.5	《省林业厅关于推进林业精准扶贫工作的实施意见》
12	中共安徽省委办公厅、安徽省人民政府办公厅	2016.5.4	《关于加大脱贫攻坚力度支持革命老区开发建设的实施意见》
13	安徽省人民政府办公厅	2016.3.3	《关于特色种养业扶贫工程的实施意见》、《关于乡村旅游扶贫工程的实施意见》、《关于就业脱贫工程的实施意见》、《关于教育扶贫的实施意见》、《关于社保兜底脱贫工程的实施意见》
14	安徽省人民政府办公厅	2016.2.1	《关于财政支持脱贫攻坚的实施意见》、《关于推进金融扶贫工程的实施意见》

（续表）

ID	发布单位	发布时间	政策名称
15	安徽省人民政府办公厅	2016.1.25	《关于易地扶贫搬迁工程的实施意见》、《关于水利建设扶贫工程的实施意见》、《关于贫困地区农村电网改造升级工程的实施意见》、《关于加快推进贫困户危房改造的实施意见》、《关于生态保护脱贫工程的实施意见》
16	中共安徽省委　安徽省人民政府	2015.12.8	《中共安徽省委、安徽省人民政府关于坚决打赢脱贫攻坚战的决定》
17	安徽省扶贫办、省能源局、省财政厅	2015.6.17	《安徽省光伏扶贫实施方案》
18	安徽省财政厅　省扶贫办	2015.4.21	《关于进一步加强财政专项扶贫资金使用管理的通知》
19	安徽省扶贫办	2015.4.19	《安徽省扶贫办关于深入实施精准扶贫的指导意见》
20	安徽省扶贫办	2015.4.19	《安徽省扶贫项目管理办法（试行）》

资料来源：安徽扶贫网相关资料。

基于表3-1的政策概览，安徽财政精准扶贫政策呈现以下三个方面的特征：

一是突出强调政府投入，其他投资主体相对欠缺。精准扶贫，特别是涉及财政兜底责任的扶贫项目，必然以政府财政投入为主，社会资金较少涉足。产业扶贫、教育扶贫、健康扶贫等方面的资金投入，存在以政府财政资金为主、社会少量资金为辅的投入状态。

二是财政资金来源较为分散。安徽省扶贫办作为指导精准扶贫工作的专职部门，但扶贫办直接安排使用的扶贫专项财政资金规模有限，扶贫财政资金来源于各个省直部门、职能部门，形成多龙治水的状态。

三是财政精准扶贫绩效评价以及有效退出机制相对较少涉及。财政精准扶贫资金如何使用、使用绩效如何，关乎财政资金使用效率和扶贫效果，从目前政策层面上看，这方面政策相对较少。

二、安徽财政精准扶贫资金投入基本情况

为了进一步分析安徽财政精准扶贫资金投入情况，本部分内容将从地市和区县两级政府财政资金投入角度展开分析财政资金投入状态。

（一）安徽省各个地市财政精准扶贫资金投入情况分析

根据国家统计局安徽调查总队、安徽省扶贫开发领导小组办公室、安徽省贫困统计监测办公室 2016 年 3 月发布的《2015 年安徽省农村减贫核查情况报告》，2015 年底安徽各地市的贫困人口数量见表 3－2 所列。

表 3－2 2015 年底安徽省各地市贫困人口数量

地市名	贫困人口数（万人）	地市名	贫困人口数（万人）
阜阳市	65.77	蚌埠市	8.6
六安市	46.72	铜陵市	7.87
安庆市	40.69	芜湖市	7.33
宿州市	40.44	池州市	7.08
亳州市	32.35	黄山市	6.01
滁州市	13.18	宣城市	4.72
淮南市	12.48	淮北市	2.5
合肥市	11.07	马鞍山市	1.99

资料来源：2015 年安徽省农村减贫核查情况报告。

根据 2016 年 12 月 14 日安徽省扶贫办公布的《2016 年安徽省财政扶贫资金投入统计表》（截至 2016 年 11 月底），可以明确 2016 年安徽省各地市财政精准扶贫资金投入情况，见表 3－3 所列。

表 3－3 2016 年安徽省各地市财政精准扶贫投入情况

地市名	财政资金规模（万元）	地市名	财政资金规模（万元）
阜阳市	94199	蚌埠市	11131
六安市	67440	铜陵市	21247
安庆市	70875	芜湖市	18791
宿州市	62783	池州市	11849

（续表）

地市名	财政资金规模（万元）	地市名	财政资金规模（万元）
亳州市	43385	黄山市	15430
滁州市	32734	宣城市	15474
淮南市	20215	淮北市	11028
合肥市	57694	马鞍山市	5411

资料来源：2016 年安徽省财政扶贫资金投入统计表。

结合表 3－2 和表 3－3，可以明确地计算出安徽省各地市人均财政精准扶贫资金，见表 3－4 所列。

表 3－4 安徽省各地市人均财政精准扶贫资金

地市名	人均扶贫资金（元）	地市名	人均扶贫资金（元）
阜阳市	1432.25	蚌埠市	1294.30
六安市	1443.49	铜陵市	2699.75
安庆市	1741.83	芜湖市	2563.57
宿州市	1552.50	池州市	1673.59
亳州市	1341.11	黄山市	2567.39
滁州市	2483.61	宣城市	3278.39
淮南市	1619.79	淮北市	4411.20
合肥市	5211.74	马鞍山市	2719.10

依据表 3－4，对安徽省各地市人均财政精准扶贫资金进行适当排名后，可以看出，目前安徽省安庆市、六安市、宿州市、阜阳市和亳州市等五市的人均财政精准扶贫资金相对有限，财政支持脱贫压力相对较大，见表 3－5 所列。

表 3－5 安徽省地市间人均财政精准扶贫支出排名

地市名	人均扶贫资金（元）	排名	地市名	人均扶贫资金（元）	排名
合肥市	5211.74	1	安庆市	1741.83	9
淮北市	4411.20	2	池州市	1673.59	10
宣城市	3278.39	3	淮南市	1619.79	11

（续表）

地市名	人均扶贫资金（元）	排名	地市名	人均扶贫资金（元）	排名
马鞍山市	2719.10	4	宿州市	1552.50	12
铜陵市	2699.75	5	六安市	1443.49	13
黄山市	2567.39	6	阜阳市	1432.25	14
芜湖市	2563.57	7	亳州市	1341.11	15
滁州市	2483.61	8	蚌埠市	1294.30	16

另据《2015年安徽省农村减贫核查情况报告》，安徽省农村贫困人口主要集中在阜阳、六安、安庆、宿州、亳州等五个市，贫困人口分别占全省贫困人口总数的21.3%、15.2%、13.2%、13.1%、10.5%，但上述五市的人均财政扶贫资金均未超过2000元，与第一名的合肥市形成了较大差距。这种差距产生的缘由主要有以下几个方面：

一是经济发展基础差异。从各地GDP、工业产值、财政支出等核心宏观经济数据来看，合肥以及皖江城市带地区经济发展基础相对好于皖北五市，地方政府对于扶贫的支持力度相对较大。

二是经济发展潜力差异。皖江地市有较好的经济发展基础，且逐渐融入长三角经济圈，经济发展潜力更为显著。皖北地区有较好的农业发展基础，工业增加值和工业产值规模相对较小，且经济发展潜力相对有限。

三是贫困发生率差异。贫困发生率高低决定了政府在有限财力背景下，只能分散使用财政扶贫资金，导致各地市尽管财政精准扶贫资金总规模差距在合理区间内，但人均支出规模出现较大差距。

（二）安徽省各个县级政府财政精准扶贫资金投入情况分析

按照党中央和国务院统一要求，依据安徽省有关精准扶贫基本规定，安徽省各个县级政府安排了大规模的财政资金，积极支持本地区精准扶贫工作。依据《2016年安徽省财政扶贫资金投入统计表》和《2015年安徽省农村减贫核查情况报告》，有必要对安徽省相关县级政府财政精准扶贫资金投入规模，由高到低进行适当排序，见表3-6所列。

表 3-6　安徽省区县级政府人均财政精准扶贫支出排名

区县名称	2015 年底贫困人口数（人）	财政精准扶贫支出规模（万元）	人均财政精准扶贫支出（元）	人均财政精准扶贫支出排名
肥西县	191	6424	336335.08	1
绩溪县	3276	2504	7643.47	2
旌德县	3104	1808	5824.74	3
南陵县	7496	3424	4567.77	4
郎溪县	5655	2511	4440.32	5
徽州区	3140	1108	3528.66	6
肥东县	16157	5340	3305.07	7
石台县	15333	4863	3171.59	8
毛集实验区	2444	758	3101.47	9
叶集区	10863	3148	2897.91	10
休宁县	10529	2956	2807.48	11
颍州区	24315	6741	2772.36	12
黟　县	3935	1074	2729.35	13
含山县	9013	2450	2718.30	14
黄山区	5931	1594	2687.57	15
明光市	12472	3328	2668.38	16
祁门县	11112	2793	2513.50	17
枞阳县	78676	19544	2484.11	18
凤阳县	23653	5782	2444.51	19
凤台县	12695	3073	2420.64	20
岳西县	51647	11754	2275.83	21
泗　县	51061	10742	2103.76	22
泾　县	16393	3401	2074.67	23
全椒县	12066	2502	2073.60	24
青阳县	8085	1649	2039.58	25
长丰县	33164	6238	1880.96	26
颍泉区	44894	8277	1843.68	27

（续表）

区县名称	2015 年底贫困人口数（人）	财政精准扶贫支出规模（万元）	人均财政精准扶贫支出（元）	人均财政精准扶贫支出排名
来安县	11262	2067	1835.38	28
界首市	41996	6966	1658.73	29
巢湖市	19200	3156	1643.75	30
定远县	72335	11780	1628.53	31
金寨县	84264	13675	1622.88	32
太和县	97651	14900	1525.84	33
歙　县	25446	3882	1525.58	34
谯城区	53298	8068	1513.75	35
灵璧县	61854	8872	1434.35	36
无为县	65823	9291	1411.51	37
潜山县	62512	8715	1394.13	38
砀山县	67666	9204	1360.21	39
蒙城县	57400	7799	1358.71	40
霍山县	32108	4358	1357.29	41
太湖县	83660	11213	1340.31	42
桐城市	34487	4605	1335.29	43
利辛县	136812	17947	1311.80	44
怀远县	38960	5021	1288.76	45
颍东区	60201	7736	1285.03	46
宿松县	67415	8434	1251.06	47
东至县	20750	2588	1247.23	48
舒城县	72285	8836	1222.38	49
濉溪县	24967	2899	1161.13	50
怀宁县	20116	2334	1160.27	51
寿　县	91025	10318	1133.53	52
颍上县	108457	11962	1102.93	53

（续表）

区县名称	2015 年底贫困人口数（人）	财政精准扶贫支出规模（万元）	人均财政精准扶贫支出（元）	人均财政精准扶贫支出排名
望江县	82062	9021	1099.29	54
萧　县	140604	15432	1097.55	55
阜南县	134104	14559	1085.65	56
固镇县	22327	2417	1082.55	57
涡阳县	75946	8138	1071.55	58
金安区	55054	5723	1039.52	59
和　县	10894	1113	1021.66	60
庐江县	42012	4201	999.95	61
裕安区	85675	8441	985.23	62
临泉县	146095	13675	936.03	63
埇桥区	83218	7506	901.97	64
五河县	24736	2166	875.65	65
霍邱县	126951	10363	816.30	66
宣州区	18758	1471	784.20	67
贵池区	26608	1386	520.90	68
宜秀区	4964	253	509.67	69
潘集区	13936	400	287.03	70

资料来源：贫困人口数引自《2016 年安徽省财政扶贫资金投入统计表》，财政精准扶贫支出规模数据引自《2015 年安徽省农村减贫核查情况报告》，人均财政精准扶贫支出和人均财政精准扶贫支出排名均为作者自行计算。

表 3－6 中的肥西县，因为 2015 年核实的贫困人口仅为 191 人，但 2016 年在预算安排财政精准扶贫资金方面保持了已有规模，进而导致人均财政精准扶贫支出呈现异常现象（支出规模超过 33 万元）。从其他县级政府来看，人均财政精准扶贫支出差距十分显著，表 3－7 为调整后的人均财政精准扶贫支出表格。

表 3-7 调整后的安徽省区县级政府人均财政精准扶贫支出统计

序号	层级（支出规模 X）	区县政府数量	该层级政府数量与统计总量之比
1	7000 元≤X	1	1.45%
2	6000 元≤X<7000 元	0	0.00%
3	5000 元≤X<6000 元	1	1.45%
4	4000 元≤X<5000 元	2	2.90%
5	3000 元≤X<4000 元	4	5.80%
6	2000 元≤X<3000 元	16	23.19%
7	1000 元≤X<2000 元	35	50.72%
8	500 元≤X<1000 元	9	13.04%
9	X<500 元	1	1.45%

表 3-7 基本刻画出现阶段安徽省区县级政府财政精准扶贫支出情况，有超过 60%的区县级政府人均财政精准扶贫支出不到 2000 元，平摊到每个月的支出金额不超过 200 元，可见支出规模显著低下。

三、安徽财政精准扶贫资金投入状态的基本评价

（一）财政精准扶贫压力较大

根据《2015 年安徽省农村减贫核查情况报告》和《安徽省“十三五”脱贫攻坚规划》，2015 年底安徽省贫困人口共 308.78 万人，较 2011 年的 790.2 万人，减少 481.42 万人，下降 60.9%，贫困人口总数居全国第 8 位。同期，安徽地方一般财政预算收入 2454.30 亿元，居全国第 14 位，尚未达到全国省级政府收入平均值（2015 年为 2677 亿元）；地方财政一般预算支出 5239.01 亿元，居全国第 12 位。以位居全国中游的财政收支规模来支持处于全国“上游”的贫困人口脱贫，压力可见一斑。

（二）财政“兜底”责任更重

按照习近平总书记的要求，“要加大政策落实力度，加大财政、土地等政策支持力度，加强交通扶贫、水利扶贫、金融扶贫、教育扶贫、健康扶贫等扶贫行动”，在后续的精准扶贫工作中，财政既要继续扮演

造血角色，同时又要承担“兜底”职责。习近平总书记同时强调：“今后几年，我国脱贫攻坚面临着十分艰巨的任务。越往后脱贫难度越大，因为剩下的大都是条件较差、基础较弱、贫困程度较深的地区和群众。”这意味着，扶贫工作越往后，扶贫难度越大，硬骨头概率越大，财政兜底可能性更大。

表 3－8 说明现阶段的精准扶贫工作已经到了攻坚阶段，到了“啃硬骨头”阶段，贫困人群中亟待政府财政救济、兜底的比例更高，财政“兜底”责任更大。

表 3－8　2011—2015 年安徽省农村贫困情况

年份	贫困人口数（万人）	贫困发生率（%）	减贫幅度（%）
2011	790.2	14.7	
2012	679.1	12.6	14.1
2013	484	10.7	15.6
2014	401	7.5	17.6
2015	308.78	5.72	23

（三）财政精准扶贫总体水平有待进一步提升

按照国家人均年收入 4000 元的扶贫标准，在 2015 年底，江苏全省纯收入低于 4000 元的贫困人口全部实现脱贫，同期安徽省并未改变 4000 元的扶贫标准。可见，安徽精准扶贫之路还要适当提速，财政“兜底”责任无疑将更重。同时，在财政精准扶贫支持力度上，表 3－6 所示的财政精准扶贫支出规模和人均财政精准扶贫支出，均涵盖中央资金、省级资金（含专项资金）、市县资金等三大块，安徽省区县级政府财政精准扶贫支出人均为 1887 元。但同期江苏省省级财政专项经费人均已经达到 1600 元，如果加上中央资金和市县资金的人均份额，则江苏省财政精准扶贫人均支出规模将会超出安徽省一定水平，安徽省财政精准扶贫总体水平还有待进一步提升。

（四）皖北和皖西片区财政精准扶贫压力相对更大

从表 3－5 相关数据可以看出，人均财政精准扶贫资金处于安徽省前 8 名的地市，大多是皖江城市带上的马芜铜＋合肥＋宣城，后八名的地市基本上是皖西和皖北经济发展基础较薄弱的地区，考虑到现阶段精准扶贫的重点和难点，皖北和皖西片区财政精准扶贫压力会相对较大。

四、进一步提升安徽省财政精准扶贫效率的建议

（一）优化财政精准扶贫支出结构

现阶段的财政精准扶贫，既要着眼于“兜底”，又要适时“引导”；既要对缺失劳动力、慢性病、残疾等因素造成收入来源群体实施“输血”，又要在通扶贫、水利扶贫、金融扶贫、教育扶贫、健康扶贫等扶贫行动中积极“造血”。优化财政精准扶贫支出结构成为进一步提升安徽财政精准扶贫效率的首选策略。湖南十八洞村精准扶贫经验证实，“大水漫灌”必须转变到“精准滴灌”。同时，“扶真贫、真扶贫、真脱贫”的十八洞村脱贫攻坚路，要求财政精准扶贫资金必须要“扶到根子上、扶到点子上”，否则将导致支出效率相对低下，影响扶贫、脱贫目标的实现。

1. 基于“兜底”和“引导”两个角度有效切割财政精准扶贫资金

按照《国务院办公厅关于支持贫困县开展统筹整合使用财政涉农资金试点的实施意见》和《安徽省人民政府办公厅关于支持贫困县统筹整合使用财政涉农资金的实施意见》文件精神，将整合后的财政精准扶贫支出原则上切割为“兜底”资金和“引导”资金。“兜底”资金主要用于帮扶因先天和后天因素导致的劳动力丧失，以及其他缺乏自我发展能力，无法通过产业扶持、就业帮扶、搬迁安置和其他措施脱贫的家庭；“引导”资金主要用于产业扶贫、资产收益扶贫、易地扶贫搬迁等，通过财政资金杠杆作用，撬动更多金融资本、社会帮扶资金参与脱贫攻坚。

2. 持续稳定“兜底”财政精准扶贫资金总规模

基于精准扶贫的发展脉络考察，越是到扶贫攻坚阶段，财政“兜底”责任更重、可能性更大，因此，在前期精准识别的基础之上，“兜底”财政资金的总规模应呈持续稳定的状态。

3. 动态调整“引导”性财政精准扶贫资金结构与总规模

“引导”性财政精准扶贫资金，本质上具备“造血”功能，因此其

规模和结构从理论上讲应随着扶贫对象收入增加预期、经济发展环境变化而调整，目标确定在环境营造、平台搭建、制度保障等环节上，明确资金拨付使用范围，有效建立财政资金退出机制，主动降低贫困群体对财政精准扶贫资金的依赖性，动态调整“引导”财政精准扶贫资金结构与总规模。

（二）重点加大皖北财政精准扶贫力度

在脱贫攻坚进入决战决胜期，也是啃硬骨头、攻坚拔寨的冲刺期，安徽省精准扶贫的重点区域应是贫困面大、贫困程度深、发展能力弱的皖北地区。

1. 以职业教育扶贫为契机，加快富余劳动力有效转移

2016 年 7—8 月，安徽省政协组织的精准扶贫专题调研中发现，皖北富余劳动力大量存在，是导致皖北贫困一个重要的制约性因素。因此，加大对富余劳动力的职业教育培训，提升富余劳动力的职业技能水平，无疑会在一定程度上促进皖北地区富余劳动力实现收入增加、素质递增、摆脱贫困的目标。

2. 以丰富精准扶贫手段为拓展面，助推皖北精准脱贫

积极拓展乡村旅游扶贫、商贸流通扶贫、资产收益扶贫、易地扶贫搬迁、生态保护脱贫等精准扶贫手段，多渠道、多载体助推皖北精准扶贫。

（三）积极支持符合本地经济社会发展实际的产业扶贫计划

作为精准扶贫的重要载体，产业扶贫以实体经济为依托、以财政专项扶贫资金为牵引，在精准扶贫过程中承担着“造血”职责。因此，财政有必要积极支持符合本地经济社会发展实际的产业扶贫计划。在调研过程中，我们也发现，产业扶贫操作上有诸多难点，财政资金整合水平还有待进一步提高。

1. 走特色产业发展之路

产业选择以本地经济社会发展实际作为根本，切不可跟风选择，否则将面临产能过剩、结构失衡、竞争力弱等问题。安徽省黄石市休宁县板桥乡推广的泉水养鱼产业扶贫计划，助力当地实现产业扶贫目标，但这个产业扶贫之路在其他地区较难推广，根本原因是其他地区

几乎没有类似的自然资源——泉水。基于此，产业扶贫之路，必须走出特色、符合实际、不可跟风。财政资金、政策在支持产业扶贫计划时，应全面评估扶贫产业的特色程度、适应能力、可持续能力，确保财政资金和政策的有效使用。

2. 财政资金投入以特色产业扶贫基金为抓手

各地可以通过统筹农业生产发展、农村基础设施建设资金进一步整合涉农资金，并设置以贷款贴息、风险担保为主，以生产性补贴、周转补助为辅的特色产业扶贫基金，积极引入社会实体支持扶贫产业发展。

（四）特别关注贫困边缘的农户心理失衡问题

贫困边缘的农户心理失衡问题，是积极推进精准扶贫过程中出现的新问题。主要体现为贫困边缘的农户，其收入水平并不显著高于贫困户（由扶贫机构或上级机构认定），但在精准扶贫过程中享受不到相关的优惠政策，导致这批农户心态上逐渐失衡，对党和政府失去信任，一方面表现为享受政策红利的贫困户不满，对各级党委政府的反贫困政策制造障碍，另一方面表现为各种形式的对立情绪，甚至上访、堵路、暴力抗法等严重对立情节。贫困边缘农户的心态失衡，直接维系农村扶贫工作的持续开展，对保障农村安全稳定至关重要，做好这部分农户的心态安抚有必要从现在开始逐步重视并加强相关工作。

1. 从思想上端正贫困农户态度：精准扶贫不是“输血”，而是“造血”

各种主客观因素导致部分贫困农户收入水平相对低下，达不到国家贫困线。党中央国务院从全面实现小康社会这一战略高度，将精准扶贫确定为本届政府重大政治任务。但精准扶贫是帮扶贫困户走上康庄大道、共同奔小康，是典型的“造血”，而不是简单的送慰问金、慰问品。可见，从扶贫策略上，教育贫困农户杜绝“只管今天吃饱饭，哪管明天饿得慌”、“等、靠、送、拿”心理，让自身主动脱贫、增强自身脱贫能力。

2. 从行动上坚持扶贫重点方向：啃下“难啃的硬骨头”、绝不“绕道走”

扶贫到了“最后一公里”，也是到了啃“最难啃的硬骨头”阶段，扶贫干部决不能中途放弃、“绕道走”，让后来者继续啃这最难啃的硬骨头。给贫困边缘的农户一定的心理暗示，党和政府不会丢下任何一个掉队的家庭成员，党和政府任何时候都会对所有公民负责，都会带他们“上岸”，共同致富、奔小康。

3. 从源头上明确政策利害关系：杜绝“蝇头小利”、助力共同小康

党和政府施行精准扶贫策略，针对贫困户出台了大量的扶持政策，但并未对贫困边缘的农户予以特殊照顾，导致他们内心开始追逐“蝇头小利”，对党和政府的各项扶贫政策不予以充分支持，甚至制造障碍和麻烦，直至上访、尾追、堵路等严重对立行为，危害精准扶贫工作的持续开展。鉴于此，各级党和政府要对农户宣传党和政府的各项政策，明确政策利害关系，国家执行精准扶贫政策，不是恩惠、施舍，都是帮扶，只有大家共同富裕、共同小康了，整个社会才会更和谐、更幸福。

第四章　安徽省公私合作的 PPP 模式实践与可持续发展研究

党的十八届三中全会不仅强调“财政是国家治理基础”，同时突出了“市场在资源配置中发挥决定性作用”，特别提出建立吸引社会资本投入基础设施的市场化机制。合理调动政府和市场的双重积极性，发挥政府财政引导作用，采用政府和社会资本合作模式（Public－Private Partnership，PPP）是近年来安徽省公共品及公共服务供给的有效措施，该模式在加快我省城镇化建设、提升政府治理能力以及构建现代财政体制方面具有重要意义。

2013 年底以来，相关政策体系不断完善，初步构建了 PPP 制度框架，并出台了 PPP 工作通知、操作指南、合同指南、财政承受能力论证指引等文件，使 PPP 项目数量和价值量均大幅增加。该模式的应用，一方面可以加强财政支出的导向性，发挥其“四两拨千斤”的引导机制、减轻地方政府的财政压力；另一方面，社会资本的加入，可以引进先进的管理经验和技术创新、发挥优势力量，为日益壮大的社会资本创造市场发展的空间。作为一种创新的管理模式，PPP 在经济转轨过程中将引领观念、技术和制度的创新；具体到每一个项目，PPP 模式强调全程合作、利益分享、风险分担，促进公平和效率的有机结合。但是，由于该模式应用时间较短，各利益关联方普遍缺乏经验，仍有许多问题需要规范考虑。

第一节　安徽省 PPP 模式发展状况分析

一、总体概览

（一）安徽省 PPP 项目总量持续增加，投资额可观

截至 2016 年 10 月 31 日，财政部政府和社会资本合作中心 PPP 项

目库中涉及安徽省的项目数为159个，入库项目金额1974.29亿元。项目库中所列项目最早发起于2012年，2016年度与2015年度PPP项目的发起数量和规模差距较小，但与2014年相比均呈现出井喷的态势，无论是项目数量还是项目金额，都呈现快速增长的态势。从安徽省入库项目看，从2012年到2016年，项目数量增长率分别为150%、140%、458%、9%，项目投资金额的增长率分别为33%、202%、55%、−18%，PPP项目发展经历了急速增长到稳步推进的过程，表明安徽省PPP项目需求不断增大。如图4-1、图4-2所示。

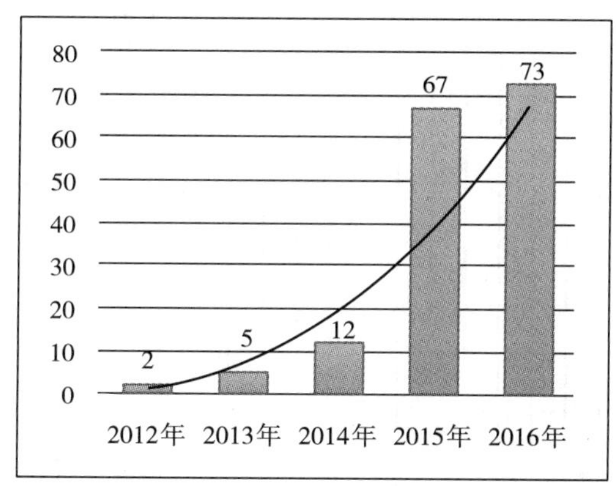

图4-1　安徽省PPP项目发起年份项目数量（截至2016年10月31日）

资料来源：根据财政部政府和社会资本合作中心有关数据整理。

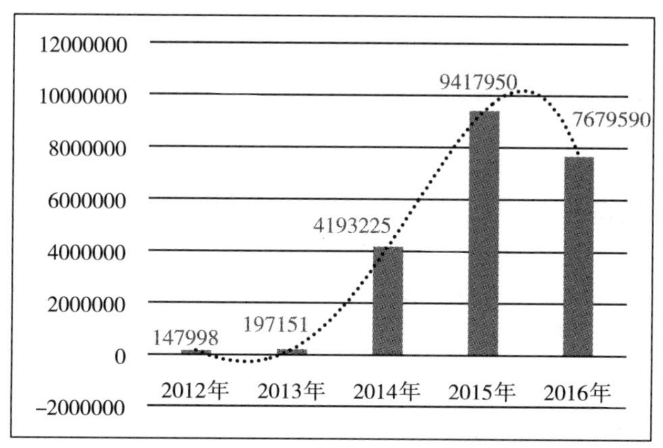

图4-2　安徽省PPP项目发起年份投资总金额（单位：万元）（截至2016年10月31日）

资料来源：根据财政部政府和社会资本合作中心有关数据整理。

（二）国家层面横向比较，安徽省处于中游水平

按入库项目数排序，截至 2016 年 10 月 31 日，贵州、山东、新疆、四川、内蒙古居前五位，分别为 1，734 个、1，028 个、829 个、811 个、764 个，合计占入库项目总数的 48.7%。按入库项目投资额排序，贵州、云南、山东、四川、河南居前五位，分别为 1.5 万亿元、1.02 万亿元、9，704 亿元、8，836 亿元、8，772 亿元，合计占入库项目总投资额的 42.9%。安徽省 PPP 项目数和投资总额均位于中游，有进一步增长的空间，如图 4－3、图 4－4 所示。

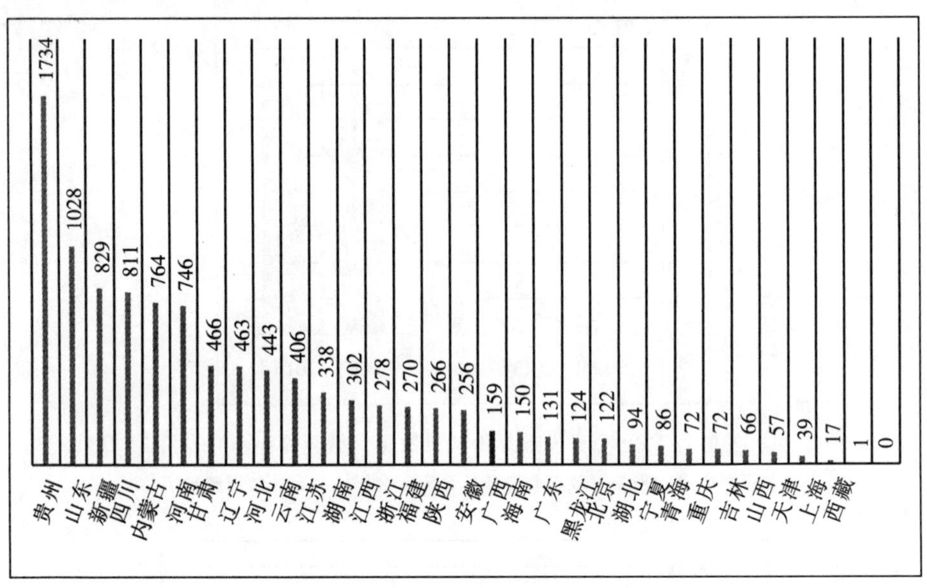

图 4－3　PPP 项目数地域分布情况（截至 2016 年 10 月 31 日）

资料来源：根据财政部政府和社会资本合作中心有关数据整理。

二、地区情况

项目库按地域统计，截至 2016 年 10 月 31 日，安庆、阜阳、六安、宣城、宿州居项目数前五名，合计 100 个，占入库项目总数的 62.8%，如图 4－5 所示；安庆、阜阳、芜湖、池州、六安居投资需求前五名，合计 1413.9 亿元，占入库项目总投资需求的 65.3%，如图 4－6 所示。

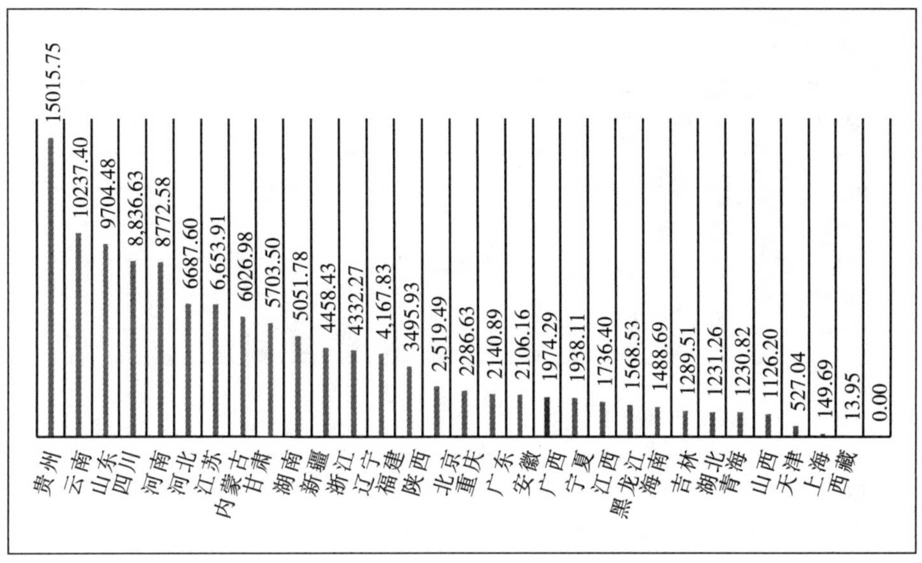

图4-4　PPP项目投资额地域分布情况（亿元）（截至2016年10月31日）

资料来源：根据财政部政府和社会资本合作中心有关数据整理。

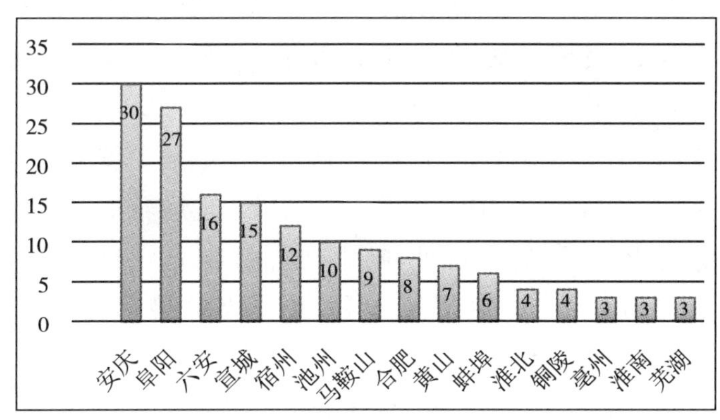

图4-5　安徽省各地市PPP项目分布数量（截至2016年10月31日）

资料来源：根据财政部政府和社会资本合作中心有关数据整理。

三、行业情况

PPP项目库的行业划分，以《国务院办公厅转发财政部发改委人民银行关于在公共服务领域推广政府和社会资本合作模式的指导意见》（国办发〔2015〕42号）给出的13个PPP行业为基本依据，并结合

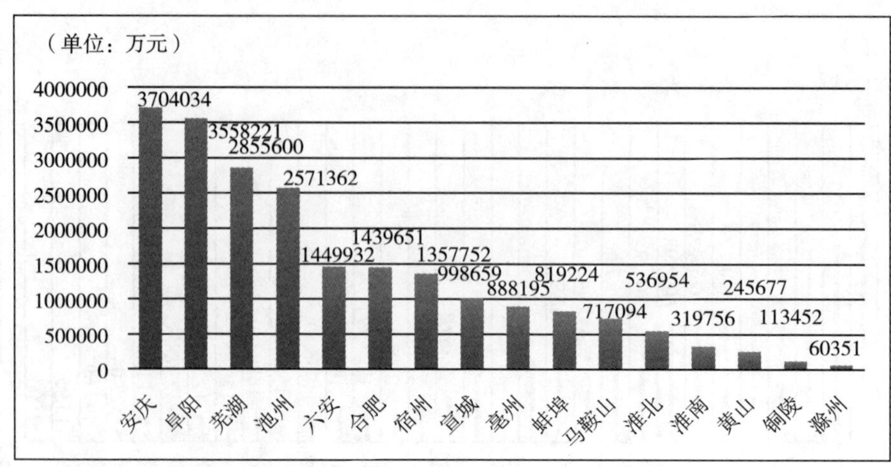

图 4－6　安徽省各地市 PPP 项目投资需求分布情况（截至 2016 年 10 月 31 日）

资料来源：根据财政部政府和社会资本合作中心有关数据整理。

PPP 项目政府支出责任预算管理要求，充分考虑财政部预算司、经济建设司采用的行业划分标准等确定。共包括能源、交通运输、水利建设、生态建设和环境保护、市政工程、片区开发、农业、林业、科技、保障性安居工程、旅游、医疗卫生、养老、教育、文化、体育、社会保障、政府基础设施和其他等 19 个行业。截至 2016 年 10 月 31 日，进入财政部政府和社会资本合作中心 PPP 项目库中安徽省各行业 PPP 项目数如图 4－7 所示。其中，市政工程、交通运输、生态建设和环境保护、城镇综合开发等四个行业项目数居前 4 名，合计 122 个，超过入库项目总数的 67％，其中市政工程项目数量最多，为 71 个，占比 45％，市政工程包括：供水、排水、污水处理、供电、供气、供热、供冷、公园、停车场、广场、景观绿化、海绵城市、管网（包括地下综合管廊）、垃圾处理（不包括垃圾发电）、市政道路、公交、轨道交通、其他 18 个二级行业。

在基础设施建设领域，根据安徽省住建厅和财政厅联合发布的全省 PPP 项目情况，汇总 2014 年 9 月发布的第一批 74 个、2015 年 11 月发布的第二批 67 个以及 2016 年 8 月发布的第三批 237 个 PPP 项目，共计 378 个项目，总投资金额为 5177.1 亿元。如图 4－8 所示，PPP 项目不论在数量上还是投资金额方面都呈现出跨越式的发展态势。

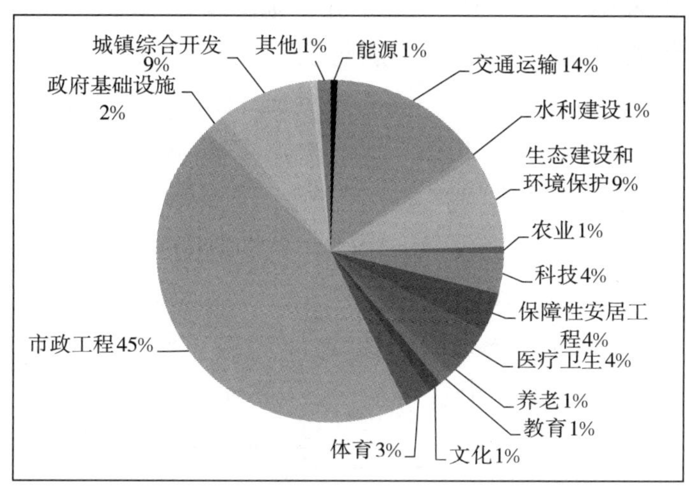

图 4－7　安徽省 PPP 项目分布领域（截至 2016 年 10 月 31 日）

资料来源：根据财政部政府和社会资本合作中心有关数据整理

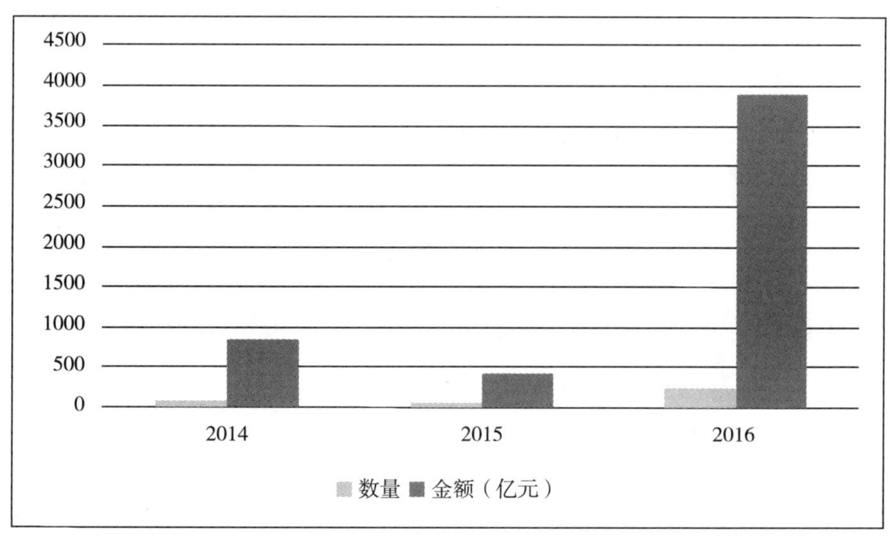

图 4－8　安徽省第一、第二、第三批城市基础设施 PPP 项目

资料来源：根据安徽省发展和改革委员会有关数据整理

四、PPP 项目实施阶段、运作方式及回报机制情况

（一）PPP 项目实施阶段

按照《PPP 操作指南（试行）》确定的 PPP 项目全生命周期包括

识别、准备、采购、执行和移交等五个阶段，需要说明的是，安徽省入库项目中仍有部分项目属于识别阶段的 PPP 备选项目，一是规划实施时间分布在未来若干年；二是尚未完成物有所值评价和财政承受能力论证，只表明地方政府部门有意愿采用 PPP 模式，要真正成为 PPP 项目，还必须经过严格论证把关。此外，项目落地率也是 PPP 实施的主要指标，指执行和移交两个阶段项目数之和与准备、采购、执行、移交 4 个阶段项目数总和的比值。按此口径计算，安徽省执行阶段的项目数为 49 个、尚未有移交的项目，而准备、采购、执行、移交 4 个阶段的项目数总和为 151 个，落地率为 32.4%，如图 4－9 所示。

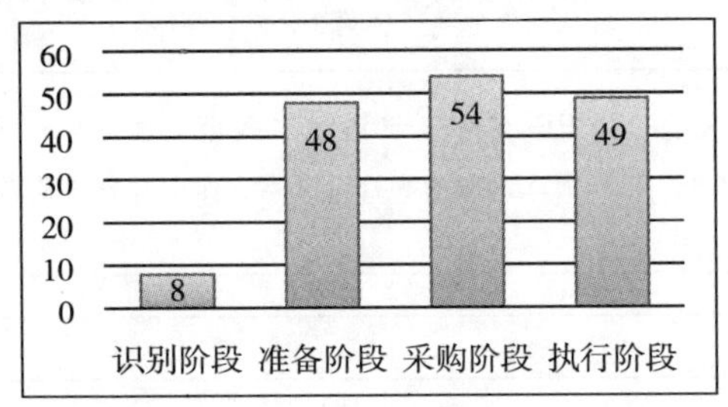

图 4－9 PPP 实施阶段入库项目数（截至 2016 年 10 月 31 日）

资料来源：根据财政部政府和社会资本合作中心有关数据整理。

（二）PPP 项目运作方式

根据 2014 年 11 月 29 日财政部印发的《关于印发政府和社会资本合作模式操作指南（试行）的通知》（财金〔2014〕113 号），PPP 项目运作方式主要包括委托运营（Operations & Maintenance，简称 O&M）、管理合同（Management Contract，简称 MC）、建设－运营－移交（Build－Operate－Transfer，简称 BOT）、建设－拥有－运营（Build－Own－Operate，简称 BOO）、转让－运营－移交（Transfer－Operate－Transfer，简称 TOT）和改建－运营－移交（Renovate－Operate－Transfer，简称 ROT）等。具体运作方式的选择主要由收费定价机制、项目投资收益水平、风险分配基本框架、融资需求、改扩建需求和期满处置等因素决定。截至 2016 年 10 月 31 日，安徽省 PPP 项目的主要运作方式如图 4－10 所示，其中 BOT 占比 64%，即由社会资本或项目公司承担新建项目设计、融资、建造、运营、维护和用户服务职责，合同期满后项目资产及相关权利等移交给政府的项目运作方式。

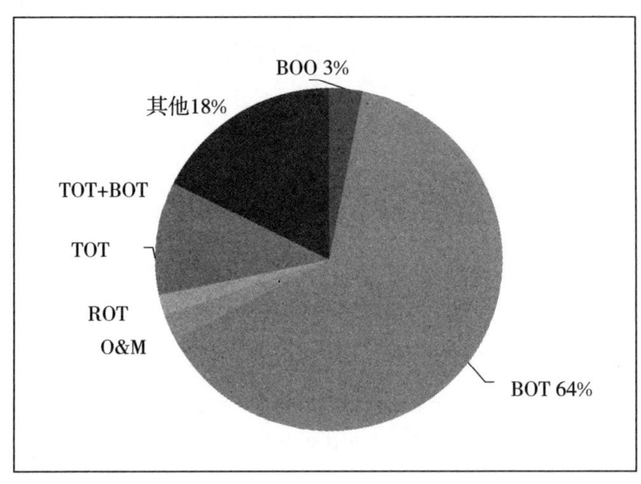

图 4-10　按运作方式统计的入库项目数（截至 2016 年 10 月 31 日）

资料来源：根据财政部政府和社会资本合作中心有关数据整理。

（三）PPP项目的回报机制

PPP 项目的回报机制约定了 PPP 项目中的风险分配和收益回报。常见的付费机制主要包括三类：一是政府付费，即政府直接付费购买公共产品和服务；二是使用者付费，是指由最终消费用户直接付费购买公共产品和服务。项目公司直接从最终用户处收取费用，以回收项目的建设和运营成本并获得合理收益；三是可行性缺口补助，是在政府付费机制与使用者付费机制之外的一种折中选择，指使用者付费不足以满足项目公司成本回收和合理回报时，由政府给予项目公司一定的经济补助，以弥补使用者付费之外的缺口部分。截至 2016 年 10 月 31 日，对安徽省入库项目此三种回报机制统计，使用者付费项目 17 个，投资需求 111.9 亿元，分别占入库项目总数和总投资需求的 11%和 5%；政府付费项目 86 个，投资需求 993.5 亿元，分别占 54%和 46%；可行性缺口补助项目 56 个，投资需求 1058.1 亿元，分别占 45%和 49%。按回报机制统计的项目数如图 4-11 所示，投资需求如图 4-12 所示。

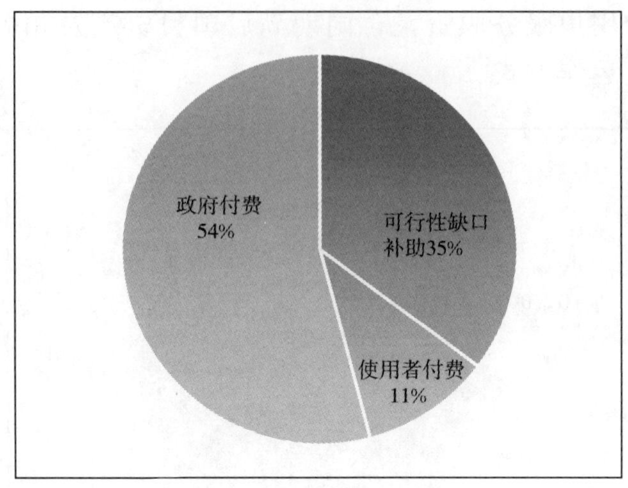

图 4-11 按回报机制统计的入库项目数（截至 2016 年 10 月 31 日）

资料来源：根据财政部政府和社会资本合作中心有关数据整理。

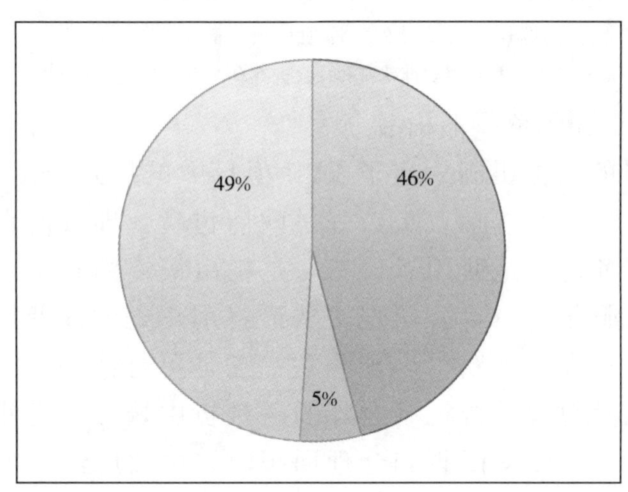

图 4-12 按回报机制统计的入库项目投资需求（截至 2016 年 10 月 31 日）

资料来源：根据财政部政府和社会资本合作中心有关数据整理。

第二节 安徽省 PPP 模式的困境与制约因素分析

在全国各地推进 PPP 模式的大潮中，安徽省财政坚持严把项目质量关、积极拓宽融资渠道、研究和制定吸引社会资本的长效之策，在宣传培训、制度建设、项目示范、政策奖补等方面开展了一系列积极有效的工作，PPP模式迅速成为财税工作的“新亮点”。PPP项目的实施对我省促进民间投资、抑制经济下滑，稳增长、促改革、惠民生和加快供给侧结构性改革发挥了积极作用。

在实际工作中，由于该模式应用时间较短，各利益关联方普遍缺乏经验，安徽省政府与社会资本合作模式中仍然存在诸多发展困境，亟待解决。诸如PPP项目真实签约率有限，契约存在承诺不能兑现、项目性质发生变化等问题，影响了PPP项目的可持续推进。

一、发展困境

（一）政府多头管理，职责不清，地方无所适从

目前，国家发展改革委员会和财政部都在推进PPP项目，这种多头管理的模式，必然造成部委之间的职责不清、具体条款相互冲突，地方政府感到无所适从。如财政部所指的社会资本“不包括本级政府所属融资平台公司及其他控股国有企业”，而国家发改委对社会资本的来源并没有禁令，根据“法无禁止则许可”的原则，财政部禁止的社会资本类型在发改委看来，则可以参与PPP项目。两个部门文件矛盾导致地方政府在实际操作中难以抉择。而且在地方层面，地方财政厅和发改委在推进PPP过程中，也均建有PPP项目库，项目库中涉及的招标领域大致相同，相关企业无法分清发改委和财政部门的职责划分及具体分工。

（二）政府热火朝天地推进，社会资本进入动力不足

随着各级政府的大力宣传推广，市场上一度刮起了“PPP热”。尽管国家发展改革委员会、财政部等多个部门在力推PPP模式，地方政府也在积极跟进，但是PPP项目的实际落实情况并不容乐观。截至2016年10月31日，安徽省累计发布PPP项目141个，处于执行阶段的共49个，项目落地率为32.4%。由于优质项目稀缺、收益不确定、法律法规不完善、风险分担机制不合理以及融资困难，社会资本进入的热情不高。而且从企业类型来看，国企和各种融资平台参与的积极性较高，但外资、民营企业等社会资本参与的兴趣不大。

（三）县级基础设施和财政能力薄弱，PPP项目落地难

整体上看，安徽省相对落后的地区 PPP 项目需求较大。如安庆、阜阳两地的项目数和投资需求分列全省前两位。但是具体到县级，其实施情况落后于各大城市。如省厅推荐的报送财政厅的参与第三批 PPP 示范项目评审的 8 个项目中仅有 3 个属于县级项目。具体原因包括：一方面，经济落后的区县，基础设施滞后，市场付费动力不足。社会资本进入的前提是有利可图。但是一些落后的区县，城镇化率较低，地貌复杂，基础设施发展滞后。虽然建设内容和空间较大，但是规模开发成本较高，市场付费可能性较小。对民间资本来说，经济效益不高，盈利空间有限。另一方面，安徽省是农业大省，尤其是皖北区县农业比例较高，经济基础薄弱，财政能力有限，吸纳社会资本参与，容易受到财政预算的制约。财政部规定各地的 PPP 项目不能超过一般公共预算支出的 10%，但县级政府一般公共预算收入不多，很多依靠上级的转移支付，然而事权支出较多，而 10%的 PPP 项目支出预算可能会导致基层政府很难实现 PPP 项目上马。

（四）项目投资偏向于经济类基础设施，服务类公共产品投资较少

从安徽省行业 PPP 项目结构来看，投资主要集中在市政工程、交通运输、生态建设和环境保护、城镇综合开发等基础设施的建设与开发。而同属于公共物品的教育、医疗、养老、体育、文化等项目遇冷。截至 2016 年 10 月 31 日，五项合计仅占总规模的 10%，只占市政工程项目的 1/5。而英国在 2012 年 PPP 项目中医疗占 32%、教育占 24%[①]。然而从我国实际情况看，这些项目遇冷的主要原因还在于平均净资产收益率不高。我国不仅政府补贴型项目收益率低，亏损项目多，大多数使用者付费型项目也存在经营困难，失败率高的问题[②]。

---

① 任春玲．我国 PPP 模式发展的现存问题及对策研究［J］．长春金融高等专科学校学报，2016 (1)：5－11.

② 卫志民，孙杨．民营企业参与“PPP 项目”的制约因素分析［J］．江苏行政学院学报，2016 (3)：56－61.

二、制约因素

针对当前安徽省PPP模式的推广困境，从法律完备性、政府的规范性、契约治理、预算管理及人才的专业性等五个维度来分析影响安徽省PPP项目的制约因素。

（一）法律层面因素

到目前为止，我国还没有出台一部专门关于PPP模式的法律。2016年1月，财政部向社会发布《中华人民共和国政府和社会资本合作法（征求意见稿）》，如今虽然征求意见已结束，但最终该稿是否继续修改以及何时发布尚是未知数。当前，关于PPP的法规多为部门和地方制定，法律级次较低，而且国家发改委和财政部两个部门法规，存在冲突和打架问题，导致投资者在参与PPP项目时对政府行为与政策、自身的回报等无法做出一个可靠、理性的预期，从而大大挫伤私人部门通过PPP模式参与基础设施项目建设的积极性，这必然会制约该模式在我国的应用和发展。

（二）政府行为因素

与政府相比，私人资本处于弱势地位。地方政府既是“PPP项目”的参与方，又是监管者，权力较大，违约事件屡有发生，政府信用问题受到较大挑战。PPP项目实施中的审批延误、决策失误或周期冗长、官员寻租等问题，会对项目产生巨大的直接或间接的负面影响。而且有些地方政府缺乏契约精神，使得企业会面临诸如政策变更风险、兑现风险和换届风险等，在PPP项目的存续期内，私人资本可能会面临中断，政府补偿不能到位，最终造成投资和公共需求损失。

（三）契约治理因素

PPP项目成功的关键在于以公私间合作伙伴关系订立契约。而且这种合作是以“双赢”或“多赢”为合作目标。这种竞争合作形式体现在PPP项目的政策设计、契约规划、承诺等方面。其中，风险分担机制和利益分配机制是否科学、合理，达到“双赢”或“多赢”目标是影响契约达成的关键因素。

首先，风险分担机制缺乏。全周期视角的PPP项目周期长、投资巨大，面临着政策风险、技术风险、财务风险、营运风险、汇率风险等多种风险的考验。在 PPP 模式中，对于风险的分担地方政府可能会有两种截然相反的行为。一种情况是地方政府为缓解财政资金压力，吸引社会资本进入，在合同的签订过程中，往往给予过多的承诺甚至加入了隐性担保，承担了不该承担的技术、经营等风险；另一种情况是作为理性的政府利益集团，政府仅将 PPP 模式看成是一种融资平台，可能运用自身特权，在契约的签订过程中，将本该自己承担的风险转嫁给社会资本。无论是让政府公共部门还是私人部门承担过多的风险都会导致项目的失败。

其次，利益分配机制不合理。在 PPP 项目契约中，由于合作双方的利益和目标不同，因此建立一个合理的、共赢的利益分配机制非常重要。影响利益分配的项目包括股权比例、努力程度、回报机制以及政府的奖惩机制等。在 PPP 项目中，政府和企业的矛盾与冲突主要是通过以股权结构和回报机制为基础的相互制衡机制来平衡的，即双方以其在项目中所占的股权份额和回报机制来实现自身的目标利益。而现实中，以股权比例和回报机制所反映的利益分享机制不能达成共识，往往是契约达成的重要阻碍因素。

（四）预算管理因素

首先，PPP 项目预算管理的透明性不高。目前我国关于 PPP 的投资、补贴、基金等信息，不够透明，社会监督很难有效实现。其次，PPP 项目基金、补贴等支出不及时、不到位。虽然中央设立了 PPP 基金来支持项目的建设及后期营运，但部分地区基金数额较少不能满足实际需要或根本没有设立基金。有些地方为加快基础设施建设，签订大批项目合同，由于资金有限，承诺的补贴和付费并不能履行，损害了私人资本的利益。

（五）专业人才因素

PPP 项目的实际操作较复杂，涉及工程管理、法律、金融、会计等不同领域的知识，要求相关人员具有较高的综合素质和能力。然而现实中，PPP 作为新兴的融资渠道，政府部门中能熟练管理和操作 PPP 项目的人员较为匮乏，尤其是经济欠发达的地方该问题更为严重。

虽然国家对政府相关部门人员专门进行PPP的培训，但是由于项目复杂多变，相关人员对PPP的业务知识和政策理解仍然不够，对其运行机制和理解尚不彻底，制约了PPP项目的顺利开展。

第三节 推进安徽省PPP可持续发展政策建议

要改变政府部门“上冷下热”、公私部门“冷热不均”的现象，必须进行一系列的制度和政策改革，通过完善法律、规范政府行为、建立共赢的契约治理机制、加强预算管理和专业人才培养等，建立可持续发展的PPP管理模式。

一、健全PPP模式法律法规体系

中国的PPP模式是一种典型的自上而下的推广模式，法律法规的完善性是该模式成功推广的重要基础。PPP项目是平等主体间通过订立契约进行合作的典型项目，如何保证合作各方的平等性、保障合作各方的权利、确保合作各方按照契约履行义务，是PPP模式能否在中国成功落地的关键。目前，我国PPP立法正紧锣密鼓地进行，但争议较大的是制定特许经营法还是PPP一般法。由发改委主导联合发布的《基础设施和公用事业特许经营管理办法》显然采取了第一种模式。而财政部公布的《政府和社会资本合作法（征求意见稿）》则属于一般法。政府应尽快制定和完善PPP模式法律法规，综合利用法律、政策、指南和合同等规制工具，建构一个立体的、层层递进又相互勾连互补的PPP规制体系。同时，全国人大和国务院应当发挥立法监督作用，避免法出多门和政出多门的现象。

二、强化政府公信力

政府应转变观念，明确其在PPP项目中职能边界，改变以往政府绝对控制、过度干预导致合作效率降低的状态；严把项目前期关口，充分进行项目论证，科学签订合同，确保风险划分、交易价格、投资回报等关键性条款的科学合理性，避免政府因项目本身不科学造成的被动失信；加强绩效考核和责任追究，对政府失信行为的关键责任人实行终身追责。

三、建立共赢的契约治理机制

（一）建立公平有效的项目风险分担机制

在项目分担机制设计中，应遵循定价匹配、能力匹配和特征匹配等原则。PPP 的各类风险可以分解为政府承担的风险、企业承担的风险以及双方共同承担的风险。一般来看，企业在技术开发、项目运营和管理上有比较优势，应当承担项目建造和运营风险；政府具有政策掌控力，应承担政治、法律和政策风险；对于不可抗力风险、市场风险等则应由政府和企业共同承担。在 PPP 模式中嵌入期权机制，建立动态的风险共担机制[①]；探索项目破产机制，提供社会资本的退出机制。在双方约定完善的风险分担机制的基础上，如果遇到突发状况，政府作为责任主体，应该承担起部分责任，以确保公共物品和公共服务的有效提供。

（二）设计激励性的利益分配机制

首先，合理分配股权。为鼓励企业积极参与 PPP 项目，政府应给予企业较大的股权比例。在 PPP 项目契约中，需要避免股权过度分散或过于集中的现象。如果政府占绝对控股地位，一来与传统的公共物品提供没有太大差别，政府在经营管理上的弊端无法缓解，无法发挥社会资本在基础设施提供中的优势。因此，在公私 PPP 契约治理中应将股权比例适当向企业倾斜，调动企业的积极性，提高项目技术和管理效率，实现政府和企业的双向制衡，避免双方的机会主义，保证项目顺利实施。

其次，合理确定双方回报机制。在实践中，需要根据各方的合作预期和承受能力，结合项目所涉的行业、运作方式等实际情况，合理确定价格和收费标准、运营年限，确保政府补贴适度，防范中长期财

① 周小付，萨日娜．PPP 的共享风险逻辑与风险治理［J］．财政研究，2016（4）：39－46.

政风险，因地制宜地设置合理的付费机制。要通过适当的资源配置、合适的融资模式等，降低融资成本，提高资金使用效率。要充分挖掘PPP项目后续运营的商业价值，鼓励社会资本创新管理模式，提高运营效率，降低项目成本，提高项目收益。

四、加强预算管理

（一）完善PPP项目预算公开制度

将涉及PPP项目的财政收支统一纳入省级预算管理，规范预算审批、加强法律约束。本年度的PPP项目承诺的财政投资、补贴、付费以及缺口补贴等支出均应编入预算，接受各级人大、财政、审计及社会的监督，防止地方政府盲目建设，一哄而上，加大财政风险，给合作双方带来重大损失。

（二）设立并不断充实PPP发展基金，支持项目建设运营。到目前为止，安徽仅有一个省级层面的PPP基金，基金总额为500亿元。与其他地方相比，数量和规模相对较少。为了促进优质项目顺利落地，提高公共服务水平，安徽省应进一步扩大PPP基金的范围和规模。

（三）PPP项目的财政支出应逐步实现从源头补贴到关键环节补贴、从全部补贴到选择性奖励的转变。设置合理、灵活的政府补贴机制，根据PPP项目的特点，选择与之匹配的政府补贴方式。为发挥支出政策的激励作用，推动PPP项目的顺利实施，应着力强化专项资金引导功能、优化调整财政支持项目环节、系统完善财政资金使用方式、创新可行性缺口补助方式等，充分发挥财政资金的杠杆作用。

五、加强专业人才培养

鉴于PPP项目人才培养具有明显的公共性和外部性，政府在PPP人才培养中应积极提供资金，建立信息和服务平台，培养一批懂理论、会操作的PPP专业人才。

第一，注重政府相关工作人员的PPP管理能力培养与提升。省级政府应加强与金融部门、咨询中介机构的人才合作，对从事PPP项目管理的公务人员进行专业知识的培训和案例分析。在一定的情况下，可以选派业务骨干前往国外考察，掌握项目立项、项目建设、项目经营的全过程，学习先进的管理理念和成功经验。同时，为缓解市县级专业人才的匮乏，省政府应加大对市县级相关人员的培训力度，灵活采用专业讲解、重点扶助、系统培训等方法。

第二，利用高校智库资源，建立 PPP 研究中心。结合安徽省的高校特点，鼓励经济、管理类以及综合类高等院校，集合本校法律、财政、金融、管理等优秀研究人员，组建 PPP 项目研究中心，发挥高校对地方经济和社会发展的智力支持作用。

第五章　2016 年安徽省政府债券发展情况分析

地方政府债券是我国建立规范的地方政府举债融资机制的重要举措，不仅有利于降低地方政府举债融资成本，还有利于拉长债务期限，解决目前地方政府债务期限错配问题。截至 2016 年 10 月 11 日，安徽省已全面完成 2016 年地方政府债券发行工作，成为全国最早完成发行任务的省份之一。2016 年，安徽省共发行了地方政府债券 2890.62 亿元。其中，从债券性质看，一般债券 1624.01 亿元，专项债券 1266.61 亿元。从债券使用方向看，新增债券 584.1 亿元，置换债券[①] 2306.52 亿元。地方政府债券的发行有利于缓解地方政府的偿债压力，对安徽省经济社会的稳定健康发展起到了重要的促进和保障作用。本部分内容通过梳理 2016 年安徽省政府债券的发行、使用和偿还这三个环节，全方位剖析了安徽省政府债券发展取得的成绩、存在的问题，并基于实际操作的角度提出了解决问题的相关政策建议。

第一节　安徽省政府债券的发行

一、总体情况分析

为确保 2016 年债券顺利发行，安徽省财政厅年初即迅速启动相关准备工作，制定了《2016 年安徽省政府置换债券定向承销发行簿记建档规则》和《2016 年安徽省政府置换债券定向承销发行兑付办法》等文件，组织市县和有关银行抓紧统计、核对数据，发债时间较 2015 年

① 所谓置换债券，是指通过地方政府债券来置换非政府债券形式的地方政府存量债务。

早两个半月启动，这对缓解地方政府偿债压力、防控债务风险、促进全省经济平稳健康发展起到了积极作用。

经省政府授权，2016 年 3 月 22 日，省财政厅通过财政部国债发行招投标系统，面向 16 家 2016 年第一批安徽省政府置换债券定向承销发行承销团成员，定向承销发行了 241.7 亿元置换债券，包括一般债券 115.9 亿元，专项债券 125.8 亿元。其中，3 年期债券 23.18 亿元、5 年期债券 97.65 亿元、7 年期债券 97.65 亿元和 10 年期债券 23.18 亿元，中标利率分别为 2.73%、2.96%、3.24%和 3.24%。

经省政府授权，2016 年 7 月 8 日，省财政厅通过财政部国债发行招投标系统，面向 19 家政府债券承销团成员，成功公开招标发行 908.7 亿元 2016 年省地方政府债券。这是我省今年第二次通过公开招标的方式发行的地方债券，是去年自主发行地方债券以来，我省单批募集额度最大的债券资金。其中，一般债券分别募得 3 年期 137 亿元、5 年期 137 亿元、7 年期 137 亿元、10 年期 47.7 亿元，中标年利率分别为 2.75%、2.85%、3.08%和 3.1%。

2016 年 10 月 11 日，经省政府授权，省财政厅通过财政部国债发行招投标系统，面向 19 家政府债券承销团成员，成功公开招标发行 327.9 亿元 2016 年最后一批省政府债券，发债时间和进度均大幅提前，这也标志着安徽省成为全国最早完成发行任务的省份之一。本次发行的政府债券中，一般债券分别募得 3 年期 51.2 亿元、5 年期 50 亿元、7 年期 36 亿元、10 年期 36 亿元，中标年利率分别为 2.4%、2.54%、2.72%和 2.7%；专项债券分别募得 5 年期 77.7 亿元和 7 年期 77 亿元，中标年利率分别为 2.54%和 2.72%，项目涉及市政道路、市政公用、安置房、土地、水务、环境整治等类别。

2016 年安徽省政府专项债券分批发行，采用记账式固定利率附息形式，期限为 1 年、2 年、3 年、5 年、7 年和 10 年，根据项目建设、运营、回收周期和债券市场状况等因素合理确定，7 年期和 10 年期债券的合计发行规模不超过专项债券全年发行规模的 50%。债券发行后可按规定在全国银行间债券市场和证券交易所债券市场（以下简称“交易场所”）上市流通。

二、安徽省地方政府债券的发行特点

（一）发债模式

不同于以前年份，自 2015 年以来，《预算法》明确了地方政府的发债权限，地方政府债券的发行方式由原来的“财政部代发为主，地方自发自还为辅”转变为“全部由地方自发自还且中央不予兜底”，即“自主发债”模式。

（二）置换债券规模扩大

新增债券促进了政府有效投入的大幅增加，而置换债券则将短期、高息债务转化为长期、低息债券，减轻了地方政府偿债的利息负担。政府债券的如期顺利发行，为推进供给侧结构性改革，促进全省经济社会稳定健康发展起到了积极作用。

（三）融资成本大幅压缩

按照目前存量政府债务的平均融资成本 7.6％测算，1687.3 亿元地方政府债券在偿还期内平均每年可节约融资成本近 80 亿元（债券的低成本融资）。

三、安徽省地方政府债券的发行情况分析

（一）发行方式

2016 年安徽省政府一般债券借用“财政部国债发行招投标系统”（以下简称“招标系统”）面向 2015—2017 年安徽省政府债券承销团成员（以下简称“承销团成员”）招标发行，采用单一价格招标[①]方式，招标标的为利率。全场最高中标利率为当期安徽省政府一般债券票面利率，各中标承销团成员按面值承销。

（二）投标限定

1. 投标标位限定。投标标位变动幅度为 0.01％。每一承销团成员最高、最低标位差为 30 个标位，无须连续投标。投标利率区间下限不

① 单一价格招标，又称荷兰式招标，是指按照投标人所报买价自高向低（或者利率、利差由低向高）的顺序中标，直至满足预定发行额为止，中标的承销机构以相同的价格（所有中标价格中的最低价格）来认购中标的债券数量。

得低于发行日前 1 至 5 个工作日相同待偿期记账式国债收益率的平均值。

2. 投标量限定。主承销商最低、最高投标限额分别为每期债券发行量的 15%、30%；副主承销商最低、最高投标限额分别为每期债券发行量的 5%、30%；其他承销团成员最低、最高投标限额分别为每期债券发行量的 0.1%、30%。单一标位投标量最低、最高投标限额分别为 0.1 亿元、25 亿元。单一标位投标量必须为 0.1 亿元的整数倍。

3. 最低承销额限定。主承销商最低承销额为每期债券发行量的 10%，副主承销商最低承销额为每期债券发行量的 2%，承销团成员每期债券最低承销额不得低于 0.1 亿元。

（三）中标原则

1. 中标募入顺序。按照低利率优先的原则对有效投标逐笔募入，直到募满招标额或将全部投标募完为止。

2. 最高中标利率标位中标分配顺序。以各承销团成员在最高中标利率标位投标量为权数平均分配，最小中标单位为 0.1 亿元。分配后仍有尾数时，按投标时间优先原则分配。

（四）分销①

1. 安徽省政府一般债券采取场内挂牌、场外签订分销合同等方式分销。具体分销方式以当期发行文件规定为准。

2. 安徽省政府一般债券承销团成员间不得分销。非承销团成员通过分销获得的安徽省政府一般债券债权额度，在分销期内不得转让。

3. 承销团成员根据市场情况自定价格分销。

（五）招标方式

安徽省选择的是荷兰式招标方式，这种方式的优点在于：可以避免承销团成员联手形成垄断来操纵市场，从而获得暴利的情况；有利于一级市场和二级市场价格的统一，减少中介机构进行投机的可能性。但在实际运用中，该方法并没有有力地增加需求，却增加了招标结果的不确定性，并且个别投标人的投标行为也会对全部投标人造成风险。

① 安徽省政府一般债券分销，是指在规定的分销期内，中标承销团成员将中标的全部或部分安徽省政府一般债券债权额度转让给非承销团成员的行为。

如一些机构由于资金头寸较大，长债短炒，恶意压低中标利率，使得所有中标者都背负了低利率的风险。

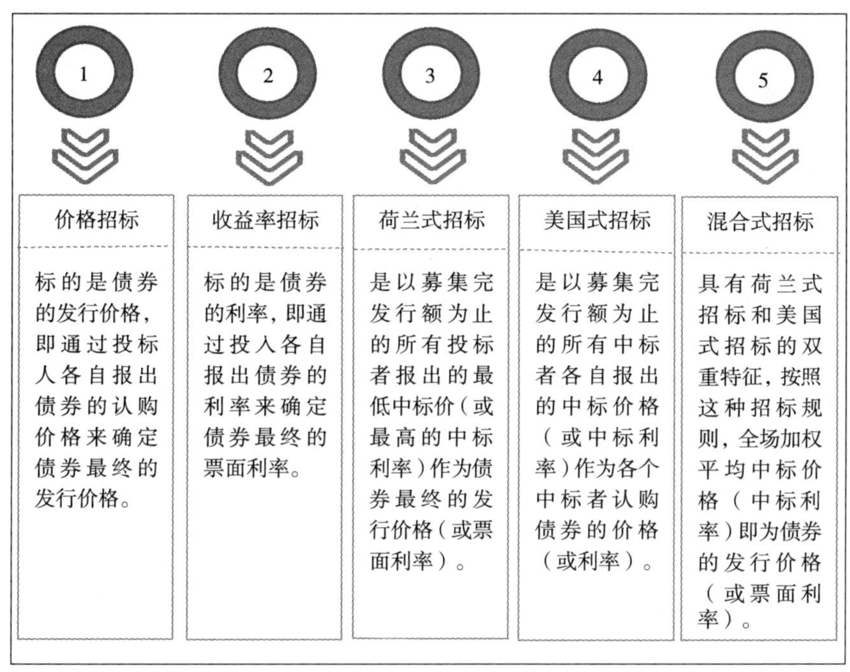

图5-1　安徽省地方政府债券招标方式

（六）承销模式

所谓债券承销，是指投资银行接受客户的委托，按照客户的要求将债券销售到机构投资者和社会公众投资者手中，实现客户筹措资金目的的行为或过程。主要有四种方式，即：债券代销、债券助销、债券包销和承销团承销。安徽省地方政府债券采用的承销模式为承销团承销方式。

《安徽省财政厅关于组建2015—2017年安徽省政府债券承销团的通知》规定，根据财政部有关文件精神，地方政府债券由地方政府在限额内按照市场化原则自发自还。为做好安徽省政府债券发行工作，根据财政部有关规定，决定组建2015—2017年安徽省政府债券承销团，包括：中央国债登记结算有限责任公司、中国证券登记结算有限责任公司，上海证券交易所、深圳证券交易所。具体情况如下：

1. 安徽省 2015—2017 年政府债券每年拟分批发行，此次组建的安徽省政府债券承销团为 2015—2017 年安徽省所有政府债券的承销团。承销团成员的目标数量不超过 30 家。

2. 申请 2015—2017 年安徽省政府债券承销团成员的机构，必须是在中国境内依法成立的金融机构，且具有债券承销业务资格。

3. 2015—2017 年安徽省政府债券承销团的组建遵循“尊重意愿、承销优先、控制风险”的原则，根据各机构的申请，按照以下指标进行综合考评后确定：意愿承销额度、2014 年总资产、资本充足率、偿付能力、净资本状况等。

4. 关于承销团成员：

(1) 承销团成员在 2016 年安徽省政府一般债券发行招标中的投标量和承销额等因素，将作为下一年度组建安徽省政府债券承销团的重要依据。

(2) 承销团成员在 2016 年安徽省政府一般债券发行招投标中，承销量列前三位的，将优先获得下一年度安徽省政府债券主承销商资格。

(3) 未达到最低承销额的承销团成员，安徽省财政厅有权取消其下一年度安徽省政府债券承销团成员资格。

（七）发行和定价机制

1. 发行方式：公募

(1) 协议承销：协议承销的承销商必须提前选定，债券发行人的净利息成本以及承销利差都需要与承销商直接协商。

(2) 竞价承销：竞价承销中，发行人将收到多个竞价，激烈的竞争有助于降低债券成本。

2. 定价机制：市场化定价

(1) 招标发行：招标发行指的是使用统一的债券系统进行招标，按照投标人出价高低，决定发行债券的价格，市场化程度较高。

(2) 簿记建档：簿记建档是对主承销商进行招标，主承销商对价格和分配方案有一定的自主权。

一般而言，国债、金融债、大型企业发行企业债券都采用招标发行定价，中小企业公司债、短融、中票等采用簿记建档方式。安徽省

2015 年发行的地方债券采用簿记建档的方式，而 2016 年则采用招标发行方式。

（八）发行利率

表 5-1 安徽省 2015 年地方政府定向债券与同期国债利率比较

2015 年	发行时间	3 年期	5 年期	7 年期	10 年期
第一期	2015.7.23	3.27	3.64	4.00	4.04
同期国债		2.73	3.1	3.3	3.51
第二期	2015.8.20	3.03	3.36	3.61	3.61
同期国债		2.73	3.1	3.3	3.51
第三期	2015.9.25	3.47	3.65	3.86	3.85
同期国债		2.92	3.14	3.3	3.51
第四期	2015.10.23	3.13	3.24	3.36	3.45
同期国债		2.92	3.14	3.05	2.99

表 5-2 安徽 2016 年地方政府定向债券与同期国债利率比较

2016 年	发行时间	3 年期	5 年期	7 年期	10 年期
第一期	2016.3.22	2.55	2.55	2.55	2.55
同期国债		2.55	2.53	2.75	2.85
第二期	2016.6.30	2.75	2.85	3.08	3.1
同期国债		2.55	2.58	2.95	2.9
第三期	2016.10.11	2.40	2.54	2.72	2.7
同期国债		2.43	2.65	2.75	2.74

由表 5-1 和表 5-2 比较可知，2016 年的利率较 2015 年的利率普遍降低，3 年期均值降低 66BP[①]，5 年期均值降低 83BP，7 年期降低 92BP，10 年期降低 95BP。图 5-2、图 5-3 为 2015 年和 2016 年的安徽省定向发行地方债利差[②]趋势图。

① BP（Basis Point）基点，用于金融方面，债券和票据利率改变量的度量单位。一个基点等于 1 个百分点的 1%，即 0.01%，因此，100 个基点等于 1%。

② 利差＝发行利率－债券发行首日同期限国债利率

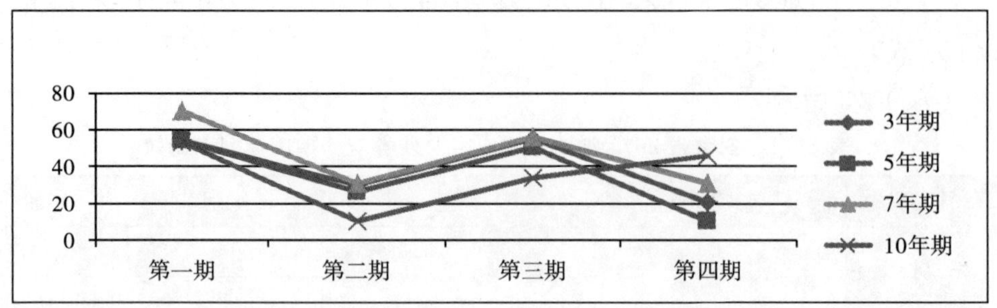

图 5-2 2015 年安徽省定向发行地方债利差趋势图

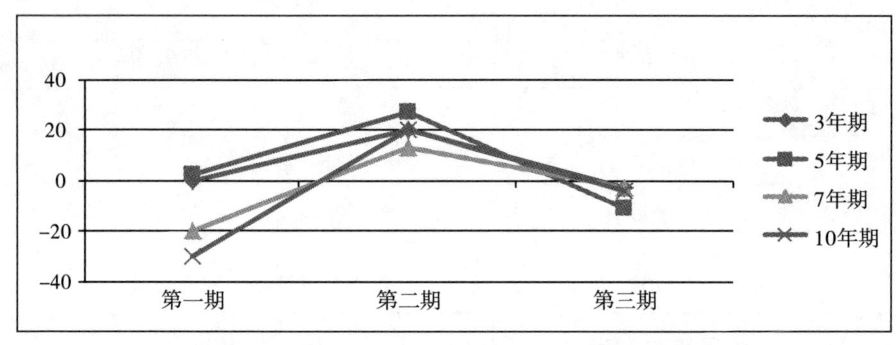

图 5-3 2016 年安徽省定向发行地方债利差趋势图

由图 5-2 和图 5-3 可知，2015 年安徽省所发行的定向地方债，普遍高于同期的国债，最高达到 70BP。而 2016 年安徽省所发行的定向地方债与同期国债的利差竟然出现了负值，也就是地方政府债券利率低于国债利率。

根据专业金融人士的推算，对于地方政府债务置换下，公开发行的地方政府债务，合理的地方债利率区间为：

地方债利率下限＝10 年期国债利率＋资本溢价＋信用风险/流动性溢价。

地方债利率上限＝AAA 级城投债利率－税收溢价—资本溢价＋信用风险/流动性溢价。

以此来判断，地方政府债券相对于同期限国债的收益率利差均值或在 30～60BP 之间。换句话说，2015 年安徽省所发行的定向债券利率大致处于合理区间，而 2016 年出现低于同期国债利率的现象是非常不合适的，根本原因在于相关金融机构参与投标时依据的显然不是债券的信用与流动性等风险指标。这种情况有可能导致：大量资金流入地方政府平台，滋生大量金融寻租套利行为，不利于推动实体经济的发展；直接推高非政府企业尤其是中小企业融资成本，是中小企业融资难、融资贵的重要原因；导致市场利率机制传导不畅，造成利率这个货币政策工具失灵。

四、安徽省地方政府债券的期限结构分析

不同期限的地方政府债券占地方政府债券总量的比例，是政府债务结构的重要组成部分，对地方政府债券的顺利发行、流通、偿还以及政府对经济的调控都有重要的影响。主要基于认购者对债券认购的多元化需求，2016 年，安徽省地方政府债券由 1 年期、3 年期、5 年期、7 年期和 10 年期组成。

2016 年，安徽省首批定向承销发行置换债券逾 240 亿元，发行采用簿记建档方式，经过前期与有关银行协商，省财政厅、人行合肥中心支行、安徽银监局最终确定定向发行 241.7 亿元置换债券，包括一般债券 115.9 亿元，专项债券 125.8 亿元。其中，3 年期债券 23.18 亿元、5 年期债券 97.65 亿元、7 年期债券 97.65 亿元和 10 年期债券 23.18 亿元。

表 5－3　2015 年安徽省政府一般债券期限结构

一般债券（批次）	一	二	三	四	五
期限结构（年）	1	3	5	7	10
计划发行面值总额（万元）	72237	78102	192575	192575	145249

表 5－4　2015 年安徽省政府专项债券期限结构

一般债券（批次）	一	二	三	四
期限结构（年）	3	5	7	10
计划发行面值总额（万元）	65378	98060	98060	65378

表 5－5　2016 年安徽省政府一般债券（一～四期）发行情况

2016 年一般债券	期限结构	计划发行面值（亿元）
一期	3 年	23

（续表）

2016 年一般债券	期限结构	计划发行面值（亿元）
二期	5 年	62
三期	7 年	62
四期	10 年	62

考虑到未来两年是地方政府偿债的高峰期，安徽省政府债券期限未采用 1 年期，同时，3 年期地方政府债券比重也相对较低。同时，不选择 1 年期也是根据债务到期情况、承销团喜好程度等综合考虑。

我们的调查结果显示：天津、重庆、安徽、江苏、贵州五省（市）3 年期的一般债券占债券总额的比例均不超过 20%。而 5 年期和 7 年期的债券占比均为 30%，足额配比。这是基于《地方政府一般债券发行管理暂行办法》的规定，单一期限债券的发行规模不得超过一般债券当年发行规模的 30%。

就 2016 年全国地方政府债券的发行来看：

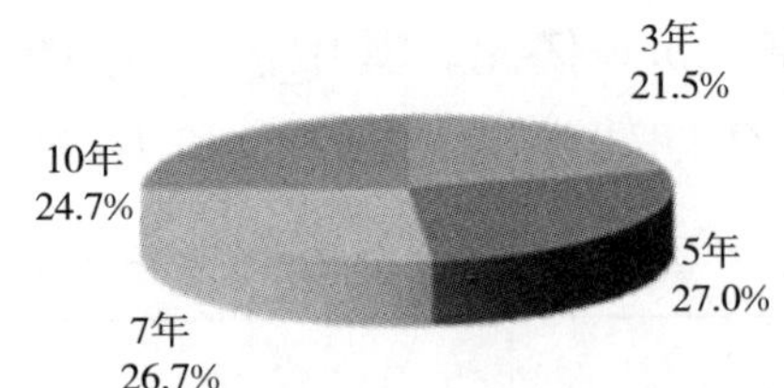

图 5－4　2016 年上半年地方债期限结构分布

注：按照地方债发行期数统计

资料来源：wind 资讯

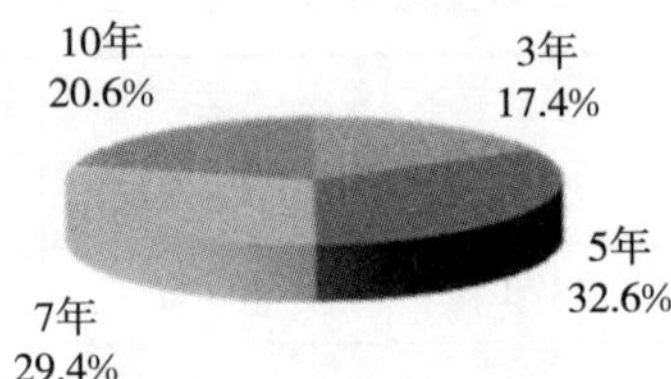

图 5－5　2016 年上半年地方债期限结构分布

注：按照地方债发行规模统计

资料来源：wind 资讯鹏元整理

地方政府有把偿债压力转嫁到未来的意向，这存在一定的不合理，因为一般债券的融资对象为没有收益的公益性项目，无法依靠项目产生的现金流来偿还债务，需要通过一般公共预算收入偿还。所以，在安排一般债券期限结构的时候，要尽量避免债券到期过于集中化。可以通过限制单一期限债券的发行规模不得超过全年规模的比例，来有效平衡未来债券到期的压力。

据统计，地方政府发行债券的平均期限为 5.17 年，最长期限达到 20 年，而地方政府的平均任期为 3～4 年，大部分债券偿债期限要跨越两届甚至两届以上政府。

五、政策建议

（一）关于招标方式的选择

由于地方政府债券的正式发行，在安徽省乃至我国都属于初级阶段，发行条件的不成熟是当前选择荷兰式招标方式的主要原因，但毕竟荷兰式招标方式采取的是单一价格或者单一利率，在实际运用中很容易被一些资金头寸较大的机构恶意压低中标利率，从而长债短炒，最终使得所有中标者都背负低利率的风险，而美国式招标方式采取的以募集完发行额为止的所有中标者各自报出的中标价格（或中标利率）作为各个中标者认购债券的价格（或利率），则可以很好地避免这种现象。待到条件逐渐成熟和完善，可以再次过渡到混合式招标方式。

（二）关于地方政府债券利率低于国债利率的现象

一般而言，国家信用是最高信用，地方政府的信用肯定低于国家信用，而风险溢价则决定地方政府债券利率应该高于国债利率。但目前已发行的地方政府债券利率却出现低于国债利率的情况，这主要是因为债券投资人在决定投资价格时，考虑的可能并不完全是债券本身或发债人的信用状况，还可能考虑其综合收益情况，包括与发债人的关系等因素。

在我国坚持公有制为主体、多种所有制经济共同发展的基本经济制度情况下，地方政府不仅拥有当地的公共事务管理权，还拥有很多重要的生产要素和经济资源，很多市场主体或经济主体都需要处理好与政府的关系，需要得到政府的帮助和支持。如果在地方政府发行地方政府债券时给予其帮助，地方政府也可能在其他方面给予投资人适当的回报。只要地方政府没有行政干预、欺行霸市、强迫投资人压低报价、人为扭曲市场化定价规则等行为，投资者也应该为自己的投资行为负责，这才是公平竞争、自由交换原则的真谛。

（三）关于债券发行期限结构与官员任期制存在交叉的矛盾

发行地方政府债券，首先应该对项目在前期做好充分的规划与考察，在资金投入后，要对项目的进程以及资金流做全程跟踪，同时要进一步强化政府债务的公开透明，加强社会公众对债券资金使用的监督，从而双管齐下，使得地方政府债券筹集的资金从筹集到使用到后期以及收益都在阳光下运行，形成一个良性循环系统。在这样的良性循环系统下，地方政府官员可以充分施展才能，勇于作为，从而也就避免了两者存在的矛盾。

1. 构建债务考核问责机制，完善地方债务审计制度，把政府性债务状况作为地方领导任期经济责任审计的重要内容，杜绝前后任官员对地方债务的责任推诿。《安徽省人民政府关于加强地方政府性债务管理的实施意见》明确提出，要建立考核问责机制，把政府性债务管理纳入政府目标管理绩效考核、领导班子和领导干部政绩考核，纠正不正确的政绩导向。将债券的期限结构与任期内的政绩考核相结合，有利于提高地方政府官员的风险意识，合理统筹规划地方政府举债行为，任期内问责制度的建立与贯彻执行，是纠正官员传统政绩观念的重要举措，对地方政府性债务影响巨大。

2. 实行官员离任审计和责任追究制度。离任审计主要是在官员即将离任时，先审计再离任，出具审计报告，构成官员任期政绩的组成部分，同时，对于后期存在的问题，还将继续实行责任追究。

第二节 安徽省政府债券的使用

地方政府债券只能用于公益性资本支出和适度归还存量债务，不得用于经常性支出，这是必须遵守的原则。2016 年，从安徽省债券使用方向来看，新增债券 584.1 亿元，置换债券[①] 2306.52 亿元。新增债券主要用于重点项目的建设，其中，铁路、公路、水利等重大基础设施项目 305.6 亿元；保障性安居工程、市政道路、污水处理等城镇化项目 188.4 亿元；教育、医疗、养老等公益性事业项目 58.1 亿元；脱贫攻坚项目 32 亿元。置换债券主要用于偿还地方债务已到期的部分，全面满足省级和市县当年的置换需求，全面消除了当年偿债风险。

一、安徽省地方政府债券资金的投向

截至 2013 年 6 月底，安徽省各级政府负有偿还责任的债务 3077.26 亿元。从债务资金投向看，主要用于基础设施建设和公益性项目。已支出的债务资金中，用于市政建设、保障性住房和土地收储、交通运输设施建设、科教文卫、生态建设和环境保护、农林水利建设等基础性、公益性项目的支出 2406.51 亿元，占 87.53%。

（一）2013 年 6 月底安徽省政府性债务余额支出投向情况表

表 5－6　2013 年 6 月底安徽省政府性债务余额支出投向情况　　单位：亿元

债务支出投向类别	政府负有偿还责任的债务	政府或有债务	
		政府负有担保责任的债务	政府可能承担一定救助责任的债务
市政建设	1056.18	238.87	620.46
保障性住房	343.09	38.70	167.28
土地收储	297.14	10.89	18.32
交通运输设施建设	285.26	75.88	99.57
科教文卫	179.33	54.92	165.65
生态建设和环境保护	150.82	52.03	96.21
农林水利建设	94.69	6.52	22.35
工业和能源	16.38	19.06	16.19
其他	326.54	61.17	256.39
合计	2749.43	558.04	1462.42

① 所谓置换债券，是指通过地方政府债券来置换非政府债券形式的地方政府存量债务。

（二）2015 年第一批安徽省政府一般债券

2015 年第一批安徽省政府一般债券发行总额为 312 亿元，品种为记账式固定利率附息债券，其中置换一般债券 192 亿元，新增一般债券 120 亿元。本批债券中置换一般债券的募集资金用于偿还经审计确定的、截至 2013 年 6 月 30 日安徽省政府负有偿还责任的债务中 2015 年到期的债务本金；新增一般债券的募集资金用于公益性资本支出。根据财政部的要求，此次一般债券资金纳入一般公共预算管理。优先保障在建公益性项目后续融资，重点用于棚户区改造等保障性安居工程建设、普通公路建设、城市地下管网建设改造、智慧城市建设等重大公益性项目支出。

2015 年第一批安徽省政府置换专项债券募集资金用于偿还清理甄别确定的截至 2014 年 12 月 31 日安徽省政府债务本金，优先置换高息债务，安徽省政府已将本批债券本息偿付资金纳入安徽省政府性基金预算管理，以国有土地使用权出让收入进行偿还。

表 5－7　2015 年第一批安徽省政府置换专项债券募投项目情况　　单位：万元

项目类别	项目总投资	本批债券拟使用额度	偿债资金来源
市政道路类	2402354	637128	国有土地使用权出让收入
市政公用类	561261	168280	国有土地使用权出让收入
安置房类	2856127	563174	国有土地使用权出让收入
土地类	1548726	437442	国有土地使用权出让收入
水务类	1648726	66516	国有土地使用权出让收入
环境整治类	1202589	30080	国有土地使用权出让收入
其他	1963514	447380	国有土地使用权出让收入
合计	10699433	2350000	国有土地使用权出让收入

2015 年第一批安徽省政府新增专项债券募集资金用于公益性资本支出，安徽省政府已将本批债券本息偿付资金纳入安徽省政府性基金预算管理，以国有土地使用权出让收入进行偿还。

表 5-8　2015 年第一批安徽省政府新增专项债券募投项目情况　单位：万元

项目类别	项目总投资	本批债券拟使用额度	偿债资金来源
市政道路类	2996950	530325	国有土地使用权出让收入
市政公用类	1508570	334856	国有土地使用权出让收入
安置房类	4458140	546941	国有土地使用权出让收入
土地类	1194237	142535	国有土地使用权出让收入
水务类	94377	38274	国有土地使用权出让收入
环境整治类	1570076	220368	国有土地使用权出让收入
其他	1779947	336701	国有土地使用权出让收入
合计	13602297	2150000	

（三）2016 年第二批安徽省政府一般债券

2016 年第二批安徽省政府置换专项债券募集资金用于偿还清理甄别确定的截至 2014 年 12 月 31 日安徽省政府债务本金，优先置换高息债务，安徽省政府已将本批债券本息偿付资金纳入安徽省政府性基金预算管理，以国有土地使用权出让收入进行偿还。

表 5-9　2016 年第二批安徽省政府置换专项债券募投项目情况　单位：万元

项目类别	项目总投资	本批债券拟使用额度	偿债资金来源
市政道路类	1827006	307381	国有土地使用权出让收入
市政公用类	692004	60614	国有土地使用权出让收入
安置房类	2653589	340652	国有土地使用权出让收入
土地类	2775820	575875	国有土地使用权出让收入
水务类	154293	10144	国有土地使用权出让收入
环境整治类	1472835	14097	国有土地使用权出让收入
其他	1057864	238150	国有土地使用权出让收入
合计	10588411	1546913	

（四）2016 年第三批安徽省政府一般债券

2016 年第三批安徽省政府一般债券（以下简称“本批债券”）发行总额为 1732494 万元，品种为记账式固定利率附息债券，全部为置换一般债券。安徽省政府已将本批债券本息偿付资金纳入安徽省一般公共预算管理，并且将本批债券中置换一般债券的募集资金用于偿还清理甄别确定的截至 2014 年 12 月 31 日地方政府债务本金，优先置换高息债务。

表 5－10 2016 年第三批安徽省政府一般债券概况

基本条款	内 容
债券名称	2016 年第三批安徽省政府一般债券
发行规模	人民币 1732494 万元
债券期限	分为 3 年期、5 年期、7 年期及 10 年期四个品种。其中 3 年期发行规模 512494 万元，5 年期发行规模 500000 万元，7 年期发行规模 360000 万元，10 年期发行规模 360000 万元
债券利率	固定利率
付息方式	3 年期、5 年期及 7 年期安徽省政府一般债券利息每年支付一次，10 年期安徽省政府一般债券利息每半年支付一次，各期债券最后一期利息随本金一起支付

二、安徽省政府债券使用可能存在的问题

（一）资金长期滞国库，债务成本空提升

部分债券资金滞留在各市、县国库未使用，闲置资金过多，加大债务成本的同时，也增加了资金挪用的风险。

（二）资金使用有违规，基础规范待加强

部分地方政府融资项目前期立项审批，轻项目实施监督管理，在同意贷款或由其承诺担保进行融资时，经过了严格的审批程序，但项目取得融资后，对资金使用情况、使用效果等缺乏有效监管，导致资金使用中存在一些违规问题。

（三）资金用途不规范，项目收益难保证

部分地方政府政务不够公开，决策不够民主，项目资金的交易往来也没有足够的透明度，项目的效益难以得到保证，民众也很难监督地方政府债券筹集的资金是否能够合理地使用在需要的项目建设上而不被挪用。

三、以淮南市为例分析2016年新增地方政府债券收支情况

根据《安徽省财政厅关于2016年安徽省第二批公开发行政府债券利率及期限等有关问题的通知》(财债〔2016〕984号),省财政厅转贷淮南市2016年新增债券123859万元,其中市本级65205万元,寿县37348万元,凤台县19987万元,毛集实验区1319万元。按债券期限划分,3年期债券26143万元、5年期债券54479万元、7年期债券34131万元和10年期债券9106万元,债券利率分别为2.75%、2.85%、3.08%和3.10%。

省财政厅转贷市本级2016年新增债券65205万元中,按债券资金性质划分,一般债券35086万元,专项债券30119万元。按债券期限划分,一般债券3年期13652万元、5年期13652万元、7年期3026万元、10年期4756万元,专项债券5年期15060万元、7年期15059万元。债券利率分别为3年期2.75%、5年期2.85%、7年期3.08%和10年期3.10%。

根据《预算法》和财政部、安徽省财政厅有关文件精神,2016年新增地方政府债券资金,按照国务院确定的重点方向,依法用于公益性资本支出,优先用于保障在建公益性项目后续融资,加大对保障改善民生和经济结构调整的支持力度,不得用于经常性支出和楼堂馆所等中央明令禁止的项目支出。2016年7月25日经淮南市政府第93次常务会议研究通过,对2016年市本级新增地方政府债券65205万元预算编列如下:除省财政厅已确定使用市本级地方政府债券资金的项目公路建设资金8611万元、扶贫开发资金1927万元外,安排2016年市本级新增地方政府债券支出54667万元,其中新增一般债券24548万元,新增专项债券30119万元。

(一)新增一般债券24548万元分配方案

1. 安排美丽乡村建设资金1279万元。该项目为省级重点民生工程,2016年全市美丽乡村建设任务数25个,乡镇政府驻地改水改厕27个,拟安排市级配套资金1279万元。

2. 安排创森工程项目资金2000万元。根据《中共淮南市委淮南

市人民政府关于创建国家森林城市的决定》（淮发〔2013〕32号）规定，结合创建国家森林城市市级补助资金需要，推进创森工作深入实施，拟安排创森工程项目资金2000万元。

3. 安排产业发展资金5000万元。根据《淮南市人民政府关于支持工业经济发展的意见》（淮府〔2016〕13号），支持调转促“4106”行动计划和促进工业经济发展，安排产业发展资金5000万元。

4. 安排市强制隔离戒毒所改扩建项目资金1000万元。该项目为中央国债转贷项目，计划总投资5841万元，2016年市财政拟安排1000万元市级配套资金。

5. 安排市食品安全检（监）测能力建设项目资金721万元。该项目为中央预算内投资项目，计划总投资2421万元，其中政府性投资2163万元，2016年市财政拟安排721万元市级配套资金。

6. 安排引大别山优质水源工程项目资金1000万元。该项目总概算6.49亿元，目前，大别山引水工程项目前期工作已基本完成，2016年市财政拟安排启动资金1000万元。

7. 安排市辖区一般债券转贷资金13548万元。主要用于保障性住房、民生工程配套和文化教育卫生等重点社会事业项目支出。依据各区项目申报、市对区资金超调度情况和现有财力状况，拟分配为：田家庵区3548万元、大通区1000万元、谢家集区3500万元、八公山区3500万元、潘集区2000万元。

（二）新增专项债券30119万元分配方案

1. 安排中科院新能源中心建设资金2000万元。中科院新能源中心项目是省、院、市合作共建项目，为省“861”重点项目，根据市政府与中科院等离子物理所《协议书》和2014年第八次专题会议纪要，安排市级补助资金2000万元。

2. 安排市文化艺术中心建设项目3000万元。为确保市文化艺术中心项目顺利实施，加快工程进度，2016年市财政拟安排配套资金3000万元。

3. 拟安排市委党校改扩建项目1200万元。为确保市委党校改扩建项目顺利实施，加快工程进度，尽快投入使用，2016年市财政拟安排配套资金 1200 万元。

4. 安排安徽理工大学新校区建设项目 20000 万元。根据市政府与省教育厅《安徽理工大学新校区建设市厅会商纪要》（市政府 2009 年第 101 号）精神，拟安排 20000 万元用于安徽理工大学新校区建设项目市政府应配套部分。

5. 安排市公安局网格化“平安城市”建设项目 1800 万元。按照省公安厅装备建设“三年规划”（2014—2016 年）要求，为支持创建国家智慧城市实施的“平安城市”智能网格化项目，2016 年市财政拟安排 1800 万元。

6. 安排市看守所视频监控系统升级改造项目 390 万元。用于市看守所监控系统摄像、存储、中心机房设备更换和网络系统、电教系统、AB 门改造升级等。

7. 安排市农产品质量安全检验监测中心建设项目 333 万元。该项目为 2016 年新增省级重点民生工程，项目总投资 1000 万元，其中中央预算内投资 667 万元，2016 年市财政拟安排 333 万元市级配套资金。

8. 安排城区菜市场改造升级项目 1396 万元。根据《淮南市人民政府关于印发淮南市城区菜市场改造升级工作方案的通知》（淮府秘〔2016〕103 号），用于扶持城区菜市场改造升级“以奖代补”。

2016 年新增地方政府债券列入预算后，市本级当年一般公共预算可用资金拟由 59.75 亿元调整为 61.9 亿元，政府性基金预算可用资金拟由 26.45 亿元调整为 29.46 亿元，相应增加一般公共预算支出 21538 万元、政府性基金预算支出 30119 万元，上解支出、补助下级支出和上级专项补助安排支出保持不变，收支平衡。

2016 年新增地方政府债券预算经市人大常委会批准后，市财政部门及时向省财政厅上报政府债券分配意见，并根据预算安排、项目建设进度，及时拨付资金，建立完善债务项目的绩效评价和监督机制。同时，市财政作为地方政府债务人，认真筹集落实还款资金来源，承担和落实还本付息责任，加强债券资金承贷和管理，防范财政风险，促进财政资金效益发挥。

四、以安庆市为例分析 2016 年新增地方政府债券收支情况

（一）审查批准的市本级政府债务限额情况

安庆市市本级（含经开区）2015 年地方政府债务限额 1294047 万元，其中一般债务限额 544183 万元、专项债务限额 749864 万元；2016 年地方政府债务限额为 1429281 万元，其中一般债务限额 611131 万元、专项债务限额 818150 万元。

（二）审查批准的 2016 年市本级新增债券资金（举借债务）安排使用情况

2016 年省财政厅共下达安庆市市级新增债券资金 135911 万元，其中新增一般债券 67625 万元、新增专项债券资金 68286 万元。按照财政部、省财政厅关于新增债券资金的使用要求，新增债券资金安排如下：

1. 分配市直新增债券资金 135229 万元，其中新增一般债券资金 66943 万元，新增专项债券资金 68286 万元。

新增一般债券资金用于以下方面：一是依据《安徽省财政厅安徽省交通运输厅关于用好政府债券资金加大公路建设支持力度的通知》（财建〔2016〕1015 号）文件精神，转贷市交投公司 28830 万元，用于三条一级公路建设；二是依据省财政厅《关于将部分新增一般债券资金用于战略性新兴产业集聚发展基地公共服务项目建设的通知》要求，转贷市化建投公司 4000 万元，用于高新区化工新材料集聚发展基地公共服务项目建设；三是剩余新增债券资金 34113 万元转贷市城投公司，用于棚户区改造、城市基础设施建设等重大公益性项目支出。

新增专项债券资金用于以下方面：一是转贷市城投公司 58286 万元用于安庆市宜秀都市产业园、高新区标准化厂房建设；二是转贷市土地收购储备中心 10000 万元用于土地收储项目支出。

2. 转贷区级 682 万元：一是依据《安徽省财政厅关于用好债务资金加大脱贫攻坚支持力度的通知》（财农〔2016〕940 号）要求，转贷宜秀区 514 万元用于扶贫开发；二是依据《安徽省财政厅安徽省交通运输厅关于用好政府债券资金加大公路建设支持力度的通知》（财建〔2016〕1015 号）要求，转贷迎江区 7 万元、大观区 53 万元、宜秀区

103万元、经开区5万元，合计168万元。

（三）批准的2016年市本级预算调整情况

将安庆市本级2016年新增一般债券6.7亿元纳入一般公共预算，专项债券资金6.8亿元纳入政府性基金预算。

五、以滁州市琅琊区为例分析2016年新增地方政府债券收支情况

根据《安徽省财政厅关于下达2016年市县政府债务限额的通知》（财债〔2016〕860号），省财政厅核定滁州市琅琊区2016年政府债务限额为93528万元（其中一般债务88974万元，专项债务4554万元），比2015年政府债务限额91122万元增加一般债务限额2406万元。

（一）2016年新增债券资金使用有关政策要求

根据《安徽省财政厅关于2016年我省第二批公开发行政府债券利率及期限等有关问题的通知》（财债〔2016〕984号），2016年新增政府债券额度2406万元，期限分为3年、5年、7年、10年，其中：3年期债券936万元、年利率2.75％；5年期债券936万元、年利率2.85％；7年期债券207万元、年利率3.08％；10年期债券327万元、年利率3.10％。

根据《安徽省财政厅关于下达2016年市县政府债务限额的通知》要求，新增债券资金要依法用于公益性资本支出，优先用于保障在建公益性项目后续融资，不得用于经常性支出和楼堂馆所等中央明令禁止的项目支出。要按照国务院确定的重点方向，结合实际情况，加大对保障改善民生和经济结构调整的支持力度，统筹安排新增债券资金优先用于支持扶贫、棚户区改造、普通公路建设发展、一带一路等重大公益性项目支出。

（二）2016年区本级地方政府债券资金安排方案

根据《安徽省财政厅安徽省交通运输厅关于用好政府债券资金加大公路建设支持力度的通知》中“各地要根据财债〔2016〕860号文件明确的资金额度，足额安排相应的政府债券资金用于普通国省干线公路、普通省道和农村公路畅通工程建设”的要求，结合区委、区政府重点工作安排，区本级新增债券额度拟安排用于农村道路畅通工程

建设和菱溪苑三期安置房工程项目后续融资。

（三）区本级预算调整方案

根据区本级地方政府债券资金安排方案，拟调整区本级一般公共预算支出增加2406万元，分别列入农村道路建设（功能分类代码：2130142）1469万元、保障性安居工程支出（功能分类代码：2210199）937万元。

六、解决途径

（一）细化资金使用时间要求

财库〔2016〕13号规定“对于已发行入库或收到上级转贷的置换债券资金，原则上要在一个月内完成置换”，部分省、市、县财政曲解前述规定，卡着一个月往下转贷，债券资金在国库累计滞留的时间超过三个月。某省4月初发行了第一批债券，但某区收到分配的第一批债券资金已到6月底，省、市两级国库滞留近两个半月。债券资金长时间滞留国库不仅拉高了债务成本，也增加挪用风险。建议完善置换时间规定，改为从省财政收到债券资金到完成置换原则上不超过一个月。同时，尽快出台新增债券资金使用时间规定，减少新增债券资金的闲置。

（二）强化资金监管，提高债券效益

第一，建立外部专业监督机构，直接对地方政府首长负责，专司地方政府投资项目监督工作，确定独立的权责范围，配备具有专业素质和专业技能的人才，对资金使用进行全程化、专业化的监督。

第二，培养中介机构的规范性和独立性。目前市场上充斥着大量资质不全、独立性不充分、专业化水平较低的中介机构，有必要建立统一的市场准入制度，加强中介机构建设，提高其服务水平和公正独立性。

第三，完善公众监督机制。一是改善信息公开方式，通过新闻发布会、电视、网络等有别于传统途径的方式公布信息，以便于公众收看、阅览和查询。二是完善信息公开内容，及时向社会通报包括投资决策、招投标、建设施工、监督等重要环节的进展情况。三是提供公众反映意见和投诉的途径，开辟公共渠道，由专业监督机构收集公众的投诉意见、建议并予以及时、公开的反馈。

（三）细化新增债券资金使用范围

国发〔2014〕43 号文规定，债券资金只能用于资本性支出，不能用于经常性支出。但对资本性支出和经常性支出的范围并未明确界定，部分地区打擦边球，将债券资金用于应由一般公共预算安排的经常性支出，如“一事一议”奖补、基层公共医疗卫生体系建设等。建议细化新增债券资金的使用要求，政策上明确列举债券资金不能使用的项目和范围，并且新增债务预算要明确到具体项目，避免预算执行中临时调整项目、挪用资金。

第三节　安徽省政府债券的偿还情况

新《预算法》第 35 条要求举借的债务应当有偿还计划和稳定的偿还资金来源，只能用于公益性资本支出，不得用于经常性支出。2014 年 9 月 21 日《国务院关于加强地方政府性债务管理的意见》（国发〔2014〕43 号）明确地方政府对其举借的债务负有偿还责任，强化债务硬约束，地方政府成为风险自担的融资主体，中央政府实行不救助原则；要求厘清政府和企业的责任，政府债务不得通过企业举借，企业债务不得推给政府偿还，切实做到“谁借谁换、风险自担”。

2016 年 2 月 24 日安徽省财政厅印发了《2016 年安徽省政府专项债券发行兑付办法》（财债〔2016〕144 号），安徽省政府将按照市场化原则，依法自行组织本地区专项债券[①]发行、利息支付和本金偿还；其中，第十六条规定：安徽省财政厅根据专项债券对应项目具体情况，选择到期一次还本、定期付息，或分年还本、定期付息的偿还方式；第十七条规定：安徽省财政厅应当不迟于还本付息日前 2 个工作日，将还本付息资金划至国债登记公司指定账户。国债登记公司应当于还本

① 安徽省政府专项债券，指安徽省政府为有一定收益的公益性项目发行的、约定一定期限内以公益性项目对应的政府性基金或专项收入还本付息的可流通记账式债券。

付息日前第2个工作日日终前将证券交易所市场债券还本付息资金划至证券登记公司账户。国债登记公司、证券登记公司应按时拨付还本付息资金，确保还本付息资金于还本付息日足额划至各债券持有人账户。

应建立地方政府债券风险预警机制。省级财政部门根据各地区一般债券、专项债券，或有债务等情况，测算债务率、新增债务率、偿债率、逾期债务率等指标，并按不同权重计算综合风险指标，评估省、市、县各级债券的风险状况，对高风险地区进行风险预警，并积极采取措施，逐步降低风险；风险相对较低的地区，要合理控制债务余额的规模和增长速度。

总之，安徽省政府债券是在国务院批准的发债规模限额内，自行组织债券发行、支付利息和偿还本金的一种融资机制，是以安徽省的税收能力作为还本付息的担保。通过地方政府债券来融资能更好地体现安徽省的政府信用价值，也能充分发挥市场机制对发展经济和促进民生的积极作用。安徽省政府债券促进了政府有效投入大幅增加，置换债券将短期、高息债务转化为长期、低息债券。政府债券如期顺利发行，为推进供给侧结构性改革，促进安徽省经济社会稳定健康发展起到了积极作用。但任何地方政府发行债券都必须要考虑将来的偿还责任，不能以社会信用环境恶化和政府公信力下降为代价。

附表1 2016年安徽各地级市政府债务率排名

安徽整体债务率中等偏上，在2016年狭义31个省级政府债务率排名（以城投债余额和地方公共财政收入计算）中位列13名。

从安徽各地级市债务率统计数据来看，安徽整体债务率为209%，16个地级市整体债务率为217%，其中铜陵、马鞍山和亳州债务率较高。具体见下表。

序号	城市	2015年地方公共财政收入（亿元）	发债城投企业有息债务（亿元）	债务率[①]（%）
1	铜陵市	66.81	262	393

① 债务率，是指年末债务余额与当年政府财政收入的比率。国际上公认90%～150%的债务率为安全警戒线。

（续表）

序号	城市	2015 年地方公共财政收入（亿元）	发债城投企业有息债务（亿元）	债务率[①]（%）
2	马鞍山市	130.81	470	360
3	亳州市	81.40	241	296
4	安庆市	106.60	296	278
5	芜湖市	263.47	720	273
6	淮南市	77.31	187	242
7	淮北市	60.23	140	233
8	六安市	103.33	228	221
9	蚌埠市	119.68	261	218
10	合肥市	571.54	1089	191
11	阜阳市	120.00	214	179
12	宣城市	131.56	191	145
13	宿州市	86.20	125	145
14	滁州市	143.73	206	144
15	省平台	249.00	339	136
16	池州市	71.30	95	133
17	黄山市	71.60	61	85
合计		5126	209	

数据来源：安徽省财政厅，http：//www.ahcz.gov.cn/portal/index.htm；http：//mt.sohu.com/20160830/n466684586.shtml

注：以发债城投企业 2015 年有息债务规模和地方公共财政收入计算

附表 2　2016 年安徽省政府一般债券发行情况

期数	期限（年）	票面利率（%）	交易方式	现券证券名称	证券代码	质押券申报和转回代码
一期	3	2.46	现券和质押式回购	安徽 1601	130860	106860

① 债务率，是指年末债务余额与当年政府财政收入的比率。国际上公认 90%－150%的债务率为安全警戒线。

（续表）

期数	期限（年）	票面利率（%）	交易方式	现券证券名称	证券代码	质押券申报和转回代码
二期	5	2.71	现券和质押式回购	安徽 1602	130861	106861
三期	7	3.00	现券和质押式回购	安徽 1603	130862	106862
四期	10	3.04	现券和质押式回购	安徽 1604	130863	106863
五期	3	2.75	现券和质押式回购	安徽 1605	140149	141149
六期	5	2.85	现券和质押式回购	安徽 1606	140150	141150
七期	7	3.08	现券和质押式回购	安徽 1607	140151	141151
八期	10	3.10	现券和质押式回购	安徽 1608	140152	141152
九期	3	2.4	现券和质押式回购	安徽 1609	140153	141153
十期	5	2.54	现券和质押式回购	安徽 1610	140154	141154
十一期	7	2.72	现券和质押式回购	安徽 1611	107356	——
十二期	10	2.70	现券和质押式回购	安徽 1612	107357	——

附表 3　2016 年安徽省政府专项债券发行情况

期数	期限（年）	票面利率（%）	利率形式	证券简称	证券编码
一期	5	2.85	固定利率附息式	安徽 16Z1	107155
二期	7	3.10	固定利率附息式	安徽 16Z2	107156
三期	5	2.54	固定利率附息式	安徽 16Z3	107358
四期	7	2.72	固定利率附息式	安徽 16Z4	107359

第六章　安徽省税收收入质量报告

国家税务总局下发《关于进一步规范税收征管秩序　提高税收收入质量的通知》，要求各级税务部门坚持依法征税，规范税收征管行为，认真落实各项税收优惠政策。《通知》进一步强调了提高收入质量的重要性，要求将收入质量管理作为重点工作常抓不懈，建立完善税收收入质量评价体系，加强对风险管理、税收入库、税收与经济匹配性等方面的考核，加强对税收收入质量的监督管理，实现真实、没有水分的增长。强化税收会计监督，及时发现税收执法风险，规范税收征管秩序。

第一节　税收收入质量概述及指标分析

一、税收收入质量的含义

所谓税收收入质量，是指税收收入的属性、质态，是各级税务机关按照国家法律法规组织税收收入的合法性、真实性和可靠性的客观反映。税收收入质量涉及税收收入起点、过程和结果，与经济发展、税源监管、征收管理、税款入库等因素与环节密切相关。不仅涉及税款征取的准确性，也涉及征税过程的努力程度，还涉及最终结果的绩效，是取得税收收入全过程的质量。本书鉴于数据的可得性，主要从税收收入的具体情况、理论税收收入实现程度、税收可持续增长能力三方面设计具体指标，运用 2011—2016 年数据对安徽省及其各市进行测算，分析税收收入质量的高低。

二、指标分析

（一）税收收入具体情况分析

1．总体税收收入情况分析

通过观察安徽省以及安徽省各市的税收收入情况，直观判断出各市税收能力，计算得出税收增长率，反应税收增长能力。

计算公式：

地区税收收入增长率＝（报告期税收收入－基期税收收入）/基期税收收入＊100％

2．主要税种税收收入情况

通过比较分析，挑选了与经济发展关系密切，对税收收入和税收质量影响较大的税种作为分析对象，分别为：增值税、营业税、直接税[①]、城镇土地使用税和房产税。

计算公式：

地区主要税种税收收入增长率＝（报告期主要税种税收收入－基期主要税种税收收入）/基期主要税种税收收入＊100％

3．非税收入占税收收入比重

非税收入的比重与地区税收能力和税收质量关系密切，非税收入比重低，表明该地区税收能力良好，税收收入对财政收入的贡献率高；反之，非税收入比重高表明该地区税收能力和税收收入有待提升。

计算公式：

非税收入占税收收入比重＝（报告期收入－报告期税收收入）/报告期税收入＊100％

4．税收分经济类型情况

分析了各地区国有企业、集体企业、股份公司（包括股份合作企业和股份有限公司）、私营企业和港、澳、台商及外商投资企业占注册类型企业税收收入的比重，该比重表明该企业类型在该地区的发展态势和未来的发展方向，对地区企业类型多样化发展具有指导意义。

---

① 本文做计算的直接税为企业所得税和个人所得税之和。

计算公式：

地区各企业类型税收收入＝报告期各企业类型税收收入/报告期企业类型总税收收入＊100％

（二）理论税收收入实现程度

1. 税收宏观税负变动率

宏观税负反映一定时期某地区经济总量所承担的税收负担。由于各地经济结构不同，宏观税负也存在较大差异。税负指标在地区之间缺乏可比性，在最后地区排名分析时重点考察某地区宏观税负与上期相比的增减变化程度。从目前我国经济发展和税收征收的现状来看，如该指标上升，说明经济和税收结构优化以及税收管理质量和效率提高，对税制的遵从度提高，综合反映税收质量提高。

计算公式：

地区税收宏观税负＝地区税收收入/地区生产总值＊100％

地区宏观税负变动率＝（报告期宏观税负－基期宏观税负）/基期宏观税负＊100％

2. 税收弹性系数

税收弹性是一定时期税收增长率与现价经济增长率的比值，反映了经济变化对税收变化的影响以及税收与经济运行的协调性。经济学界一般认为弹性系数在0.8～1.2之间为合理区间，如果弹性系数在合理范围内，表明税收与经济增长相协调，税收质量较高；如果该指标波动超出合理范围，则表明税收与经济的适应性较差，即税收质量较低。

计算公式：

税收弹性系数＝税收收入增长率/地区现价生产总值增长率

（三）税收可持续增长能力的指标

1. 直接税收入占比系数变动率

税制改革的方向是不断提高直接税收占总体税收的比重，通过设置该指标，反映直接税收入占全部税收收入比重增减情况，直接税收收入比重增加说明税种结构不断优化，税源增长潜力提高，税收收入质量提高，反之则说明税收质量下降。本书鉴于数据可得性，用所得税来代表直接税。

计算公式：

所得税占全部税收收入比重＝（企业所得税收入＋个人所得税收收入）/全部税收收入＊100％

直接税收入占比系数变动率＝（报告期所得税占全部税收收入比重－基期所得税占全部税收收入比重）/基期所得税占全部税收收入比重＊100％

2. 第三产业税收占比变动率

一、二产业比重下降，第三产业比重上升是产业结构演进和发展的必然趋势，加快第三产业经济发展也是我国经济结构调整的一项主要目标，在税制无较大变动的情况下，第三产业税收收入比重上升，说明该地区经济结构逐步优化，有利于培养税源，提高未来税收收入的可持续增长能力。

计算公式：

第三产业税收占比＝第三产业税收收入/全部税收收入＊100％

第三产业税收占比变动率＝（报告期第三产业税收占比－基期第三产业税收占比）/基期第三产业税收占比＊100％

第二节 安徽省税收收入质量评估

一、安徽省税收收入具体情况分析

（一）安徽省总体税收收入情况

2011—2015年间，安徽省税收收入总体绝对数值呈现上升趋势，从历年的税收收入情况可以看出，税收收入一直有所增长，税收增长率持续下降，截至2015年，税收增长率下降到6.34％。2015年共计完成税收收入17998922万元，与上年相比增收1073686万元，增长率为6.34％，增幅相对较低。从结构性减税到深化财税体制改革，减税的基调一直未变，安徽省切实落实国家政策，给企业和人民释放减税红利，用实际行动促进安徽省经济发展。

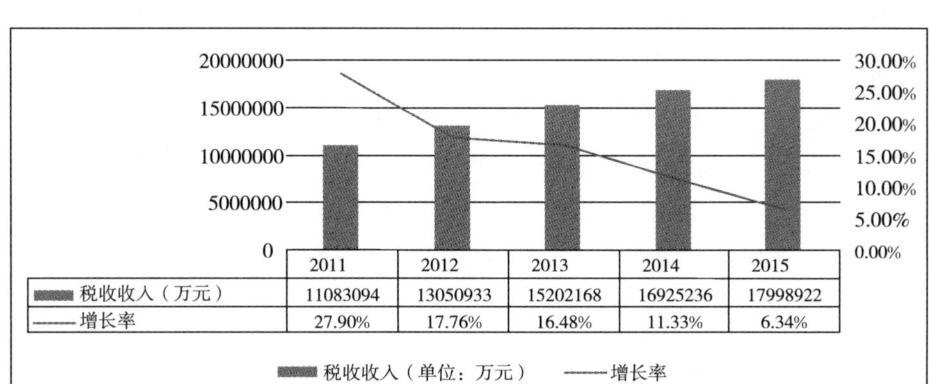

	2011	2012	2013	2014	2015
税收收入（万元）	11083094	13050933	15202168	16925236	17998922
增长率	27.90%	17.76%	16.48%	11.33%	6.34%

图 6-1　2011—2015 安徽省税收收入及增长率

（二）安徽省主要税种税收收入情况

2011—2015 年安徽省增值税绝对税额持续上涨，2011 年和 2013 年上涨幅度较大，增值税作为税收收入的主要税种，其增长趋势与税收收入增长趋势以及全省经济的发展有很大关系。2015 年安徽省增值税累计完成 2731058 万元，同比增收 125576 万元，增长率为 4.82%，相比前四年增长率下降较多。

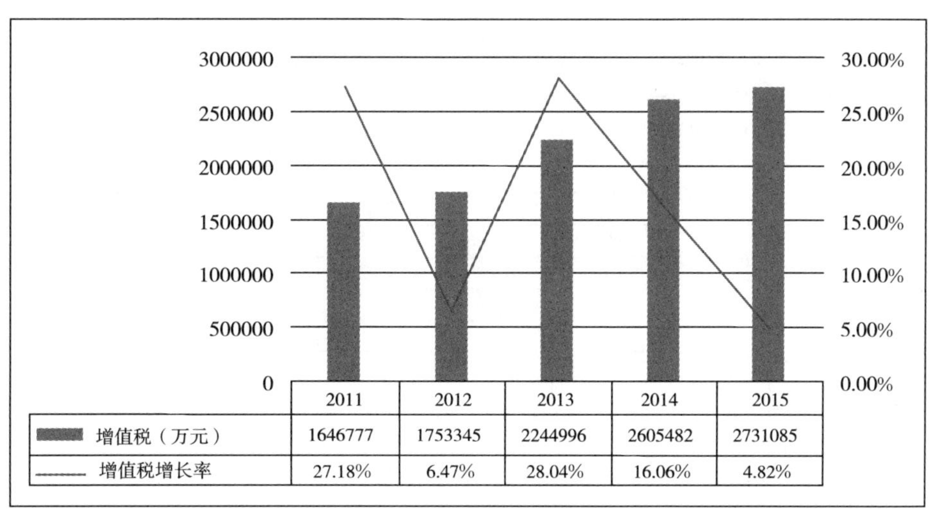

	2011	2012	2013	2014	2015
增值税（万元）	1646777	1753345	2244996	2605482	2731085
增值税增长率	27.18%	6.47%	28.04%	16.06%	4.82%

图 6-2　2011—2015 安徽省增值税税收收入及增长率

营业税在 2016 年 5 月份已经退出历史舞台，纵观安徽省 2011—2015 年营业税收入情况，营业税绝对数额依然连年持续增长，从增长率来看，2011—2014 年增长率持续下降，2015 年营业税累计完成 5868006 万元，相比 2014 年增加 468324 万元，2014 年安徽省营业税增长率为 7.51％，为统计年份中增长率最低。从营业税和总体税收收入的增长率趋势图来看，营业税作为安徽省税收收入的主要税种，营业税的税收增长率趋势与税收收入增长率趋势基本吻合，表明营业税税收收入对安徽省整体税收收入影响较大。

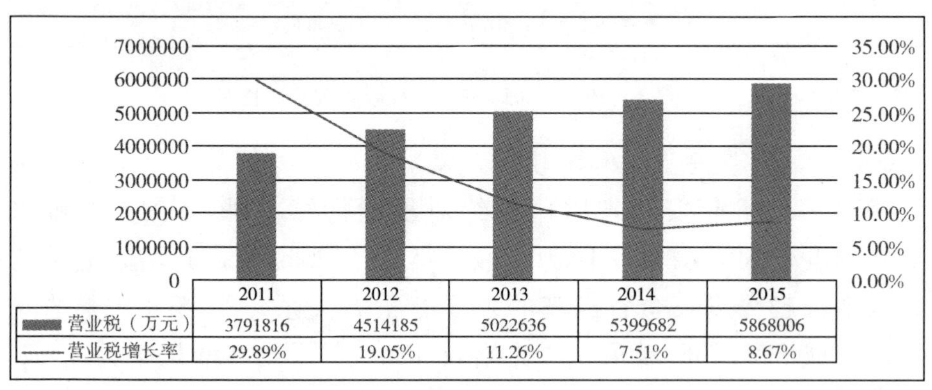

	2011	2012	2013	2014	2015
营业税（万元）	3791816	4514185	5022636	5399682	5868006
营业税增长率	29.89%	19.05%	11.26%	7.51%	8.67%

图 6－3　2011—2015 安徽省营业税税收收入及增长率

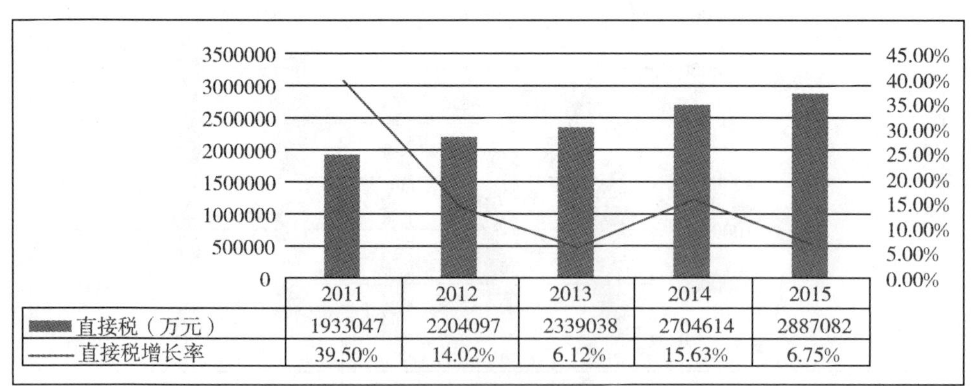

	2011	2012	2013	2014	2015
直接税（万元）	1933047	2204097	2339038	2704614	2887082
直接税增长率	39.50%	14.02%	6.12%	15.63%	6.75%

图 6－4　2011—2015 安徽省直接税税收收入及增长率

2011—2015 年安徽省直接税税额持续上涨，从增长速度来看，2011 年和 2013 年同比增长率持续下降至 6.12％，2014 年有所反弹，增长率为 15.63%，2015 年安徽省直接税增长率继续下降至 6.75%。从安徽省直接税的增长率来看，安徽省直接税增长率波动较大，整体趋势不明显。2015 年安徽省直接税累计完成 2887082 万元，同比增收 182468 万元，增长率 6.75%，绝对数额和增长率超过同年增值税，说明 2015 年安徽省直接税收入地位提升，税收结构得到优化。

房产税和城镇土地使用税与房地产市场的变化紧密相关，由图 6-5 可以看出，安徽省两者对应年份 2011—2015 年绝对数额均持续走高，另一方面，从增长率来看，安徽省房产税增长率紧随城镇土地使用税增长率变化，趋势大体一致。其中 2011 年、2012 年和 2014 年三年中，城镇土地使用税和房产税增长率偏高，2013 年两个增长率均为统计年份的低谷。从 2013 年开始，上涨趋势明显，全省 2014 年房产税累计收入完成 384322 万元，增长率达 22.13%，城镇土地使用税累计完成 1000537 万元，增长率高达 40.58%，反映出 2014 年安徽省房地产市场热度较高。2015 年增速相比 2014 年有所放缓，但依然热度不减，2015 年安徽省房产税累计完成 459872 万元，相比 2014 年增长 19.66%，城镇土地使用税累计完成 1327139 万元，增长率高达 32.64%，反映出，安徽省在建房地产较多，房地产市场热度不减。

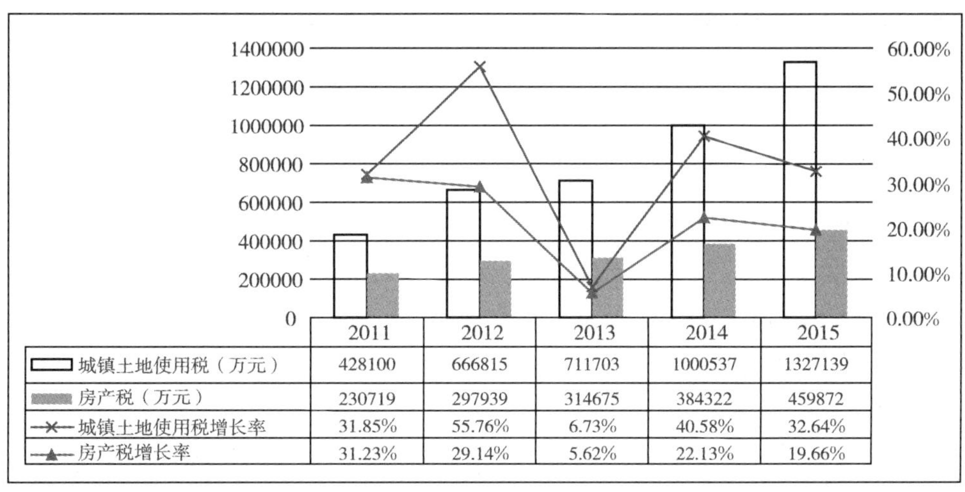

	2011	2012	2013	2014	2015
城镇土地使用税（万元）	428100	666815	711703	1000537	1327139
房产税（万元）	230719	297939	314675	384322	459872
城镇土地使用税增长率	31.85%	55.76%	6.73%	40.58%	32.64%
房产税增长率	31.23%	29.14%	5.62%	22.13%	19.66%

图 6-5　2011—2015 安徽省城镇土地使用税、房产税及两者增长率

（三）非税收入占收入比重

从统计数据来看，2011—2015 年安徽省非税收入占收入比重均超过 20%，比重大体在 25%上下徘徊，幅度不大。安徽省 2012 年的非税收入相比 2011 年增加了 1323745 万元，非税收入占收入比重提高至 27.20%，为统计年份中增长率最高的年份。2014 年非税收入为 5259182 万元，相比 2013 年绝对数额降低 289400 万元，占收入比重降低 3%。2015 年安徽省非税收入占收入比重相比 2014 年有所上升，比重与 2013 年持平。

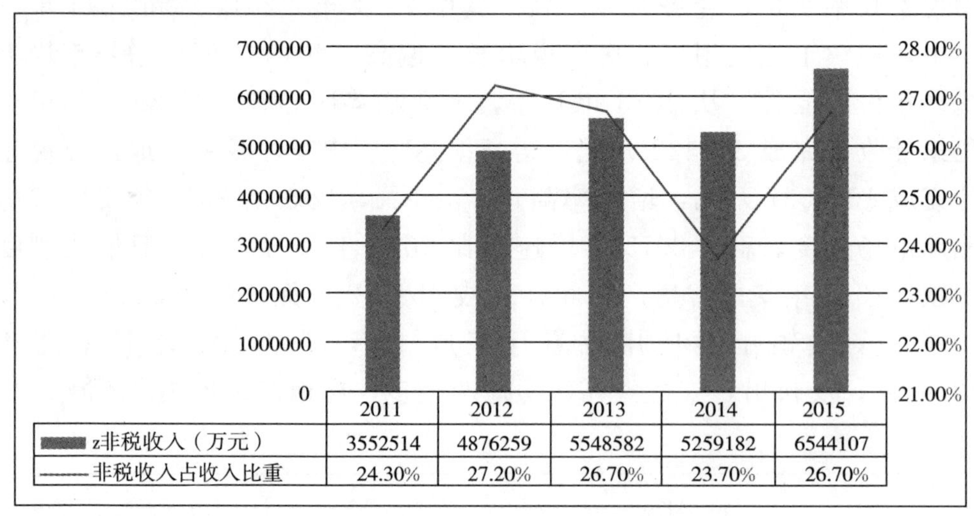

	2011	2012	2013	2014	2015
z非税收入（万元）	3552514	4876259	5548582	5259182	6544107
非税收入占收入比重	24.30%	27.20%	26.70%	23.70%	26.70%

图 6－6　2011—2015 年安徽省非税收入占收入比重

（四）税收分经济类型情况

从分经济类型来看，股份公司和有限责任公司税收收入仍占主导地位，2012—2016 年税收占所有注册类型收入的比重均超过 55%，2014 年和 2015 年占比分别高达 64.34%和 65.22%，2016 年占比也达到 62.37%，说明安徽省企业经济近年来蓬勃发展。总体来看，其余税收占所有注册类型收入较高的企业为私营企业，2012—2016 年间占比均超过 10%。2016 年，股份公司和有限责任公司收入占比 62.37%，私营企业占比 12.03%，国有企业占比 5.69%，三者共计占比 80.09%。股份公司和有限责任公司、集体企业和港、澳、台商及外商投资企业占比相比2015年有所下降，说明安徽省其他注册类型企业比重上升，多类型、多样化的经济发展态势良好。

表6-1 2012—2016年安徽省分经济类型企业税收占比

年份	国有企业	集体企业	股份公司（包括股份合作企业和股份有限公司）	私营企业	港、澳、台商及外商投资企业
2012	6.80%	0.97%	57.25%	12.26%	3.71%
2013	5.93%	0.72%	60.57%	12.32%	3.47%
2014	5.59%	0.65%	64.34%	13.31%	4.62%
2015	5.57%	0.57%	65.22%	12.89%	3.98%
2016	5.68%	0.49%	62.37%	12.03%	3.85%

二、理论税收收入实现程度

（一）税收宏观税负变动率

根据安徽省2010—2015年地区税收收入和地区生产总值计算得出地区宏观税负及其变动率，具体数值和变动趋势如图6-7所示。可以看出，2011—2015年安徽省的宏观税负水平呈现逐年上升的趋势，从

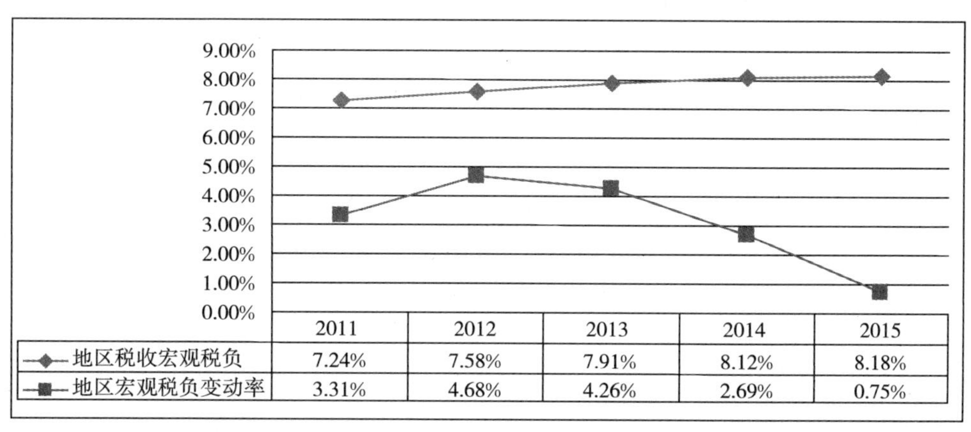

图6-7 2011—2015安徽省税收宏观税负及其变动率

2011年的7.34%上升到2015年的8.18%，共计上升0.84个百分点。从地区宏观税负变动率来看，2012年的变动速度大于2011年，之后3年变动速度都小于前一年。主要原因是随着“营改增”的持续推进，“营改增”减税效应凸显，从而使地方总体的税收负担水平降低。从五年总体变化来看，宏观税负变动率大于0，表明安徽省经济和税收结构优化以及税收管理质量和效率提高，对税制的遵从度提高，综合反映了税收质量较高。

（二）税收弹性系数

根据安徽省2010—2015年地区税收收入和地区生产总值计算得出税收弹性系数，变动趋势如图6-8所示。从图中可以看出，安徽省2012—2014年的税收弹性系数超过经济学界认为的0.8～1.2的合理区间，2011年的税收弹性系数117.23%虽然没有超过，但也临近1.2边界。这表明安徽省这四年的税收与经济增长轨迹出现轻微偏差，协调程度不是很高。但从具体数值来看，2013和2014年都是下降的，直到2015年安徽省税收弹性系数回落到合理区间内。这说明安徽省税收逐步调整，回到经济增长轨迹中，使得税收和经济增长相辅相成，税收收入质量也相应提高。

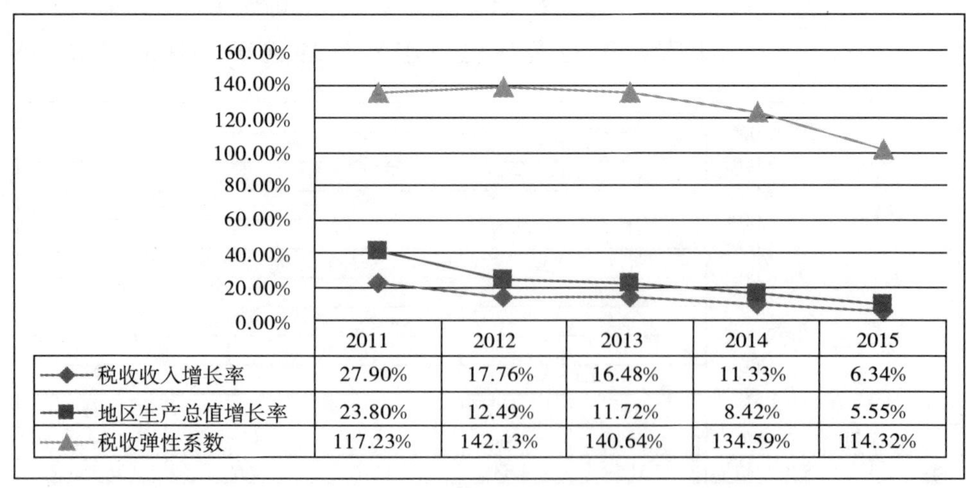

图6-8 2011—2015安徽省税收弹性系数

三、税收可持续增长能力的指标

（一）直接税收入占比系数变动率

根据安徽省 2011—2015 年企业所得税、个人所得税和地区税收收入计算得出直接税收入占比及其变动率，变动趋势如图 6－9 所示。从图中可以看出，2012 年与 2013 年，直接税占比系数变动率呈负方向变化，直接税占比从 2011 年的 17.44％下降到 15.39％，说明安徽省在这两年间的税制结构优化工作出现倒退，税收质量欠佳。2014 年和 2015 年，直接税占比系数变动率为正数，直接税收入比重处于不断提高的状态，共计提高 0.06 个百分点，这和我国税制改革提出的不断提高直接税收入占税收的比重要求是相符合的。从这点说明安徽省税制结构处于不断优化的过程中，税源增长潜力提高，税收收入质量也不断上升。

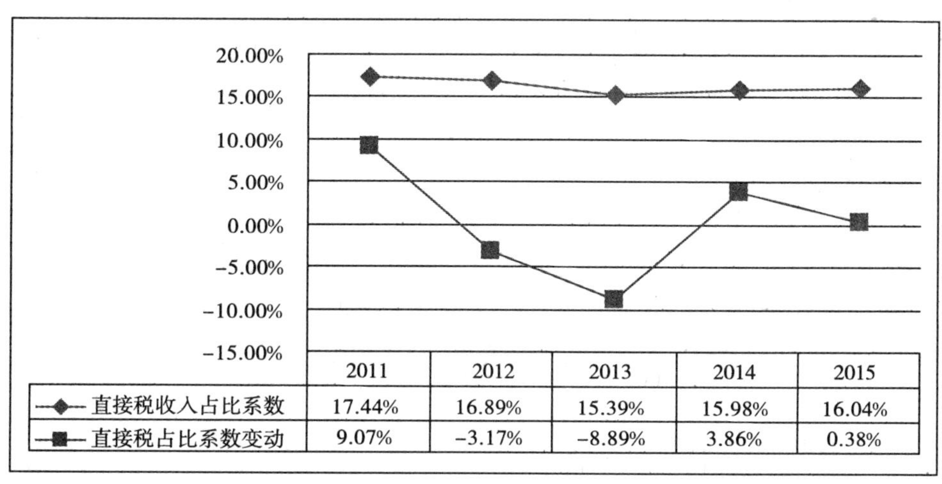

	2011	2012	2013	2014	2015
直接税收入占比系数	17.44%	16.89%	15.39%	15.98%	16.04%
直接税占比系数变动	9.07%	-3.17%	-8.89%	3.86%	0.38%

图 6－9　2011—2015 安徽省直接税收入占比系数及其变动率

（二）第三产业税收占比变动率

由于数据的可得性，以下根据安徽省地税 2012—2016 的第三产业税收和地区税收收入计算得出第三产业税收占比及其变动率，具体数值和变动趋势如图 6－10 所示。从图中可以看出安徽省地方政府税收中第三产业税收占比在 2015 年出现轻微下降，其他年份都处于稳步上升的趋势中。第三产业税收占比从 65.94％上升至 69.41％。2015 年相比 2014 年出现 2.10％

的小幅度下降，原因是第三产业中的主要产业如房地产、金融、租赁等“营改增”之前都是缴纳营业税，但随着“营改增”的持续推进，变成缴纳增值税项目，缴纳地点从地税转移到国税。虽然受“营改增”影响，但安徽省2016年相比2015年来说，第三产业税收占比仍然提高2.77个百分点。综合分析来看，安徽省第三产业税收占比是稳步前进的，说明安徽省经济结构逐步优化，税收质量稳步提升，有利于本地区培养税源，以提高未来税收收入的可持续增长能力。

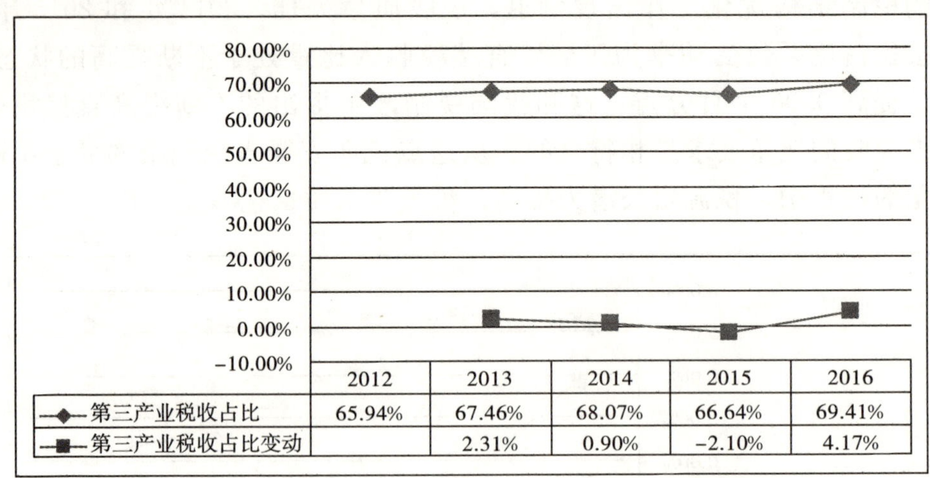

图6-10 2012—2016安徽省第三产业税收占比及其变动率

第三节 安徽省各市各指标排名

一、税收收入情况具体分析

（一）税收收入总体情况

表6-2 2011—2015年安徽省各市税收收入及其增长率

地区	指标	2011	2012	2013	2014	2015	平均值	排名
合肥市	总收入	2745361	3114332	3564974	4257817	4609552	3658407	1
	增长率	23.98%	13.44%	14.47%	19.43%	8.26%	15.92%	12
淮北市	总收入	358206	426393	431232	450545	422503	417775.8	14
	增长率	30.36%	19.04%	1.13%	4.48%	-6.22%	9.76%	15

（续表）

地区	指标	2011	2012	2013	2014	2015	平均值	排名
亳州市	总收入	263009	354059	499730	558268	622501	459513.4	11
	增长率	49.42%	34.62%	41.14%	11.71%	11.51%	29.68%	1
宿州市	总收入	291817	373827	466244	543338	602408	455526.8	12
	增长率	53.48%	28.10%	24.72%	16.54%	10.87%	26.74%	2
蚌埠市	总收入	455778	568093	679687	792710	897413	678736.2	6
	增长率	33.72%	24.64%	19.64%	16.63%	13.21%	21.57%	4
阜阳市	总收入	451089	520016	653559	804039	871381	660016.8	8
	增长率	36.64%	15.28%	25.68%	23.02%	8.38%	21.80%	3
淮南市	总收入	586640	694952	686227	586913	561333	623213	9
	增长率	27.96%	18.46%	−1.26%	−14.47%	−4.36%	5.27%	16
滁州市	总收入	541584	705493	817341	888830	981798	787009.2	4
	增长率	37.64%	30.26%	15.85%	8.75%	10.46%	20.59%	5
六安市	总收入	426996	503093	594311	710966	746139	596301	10
	增长率	40.38%	17.82%	18.13%	19.63%	4.95%	20.18%	7
马鞍山市	总收入	687091	732590	950434	931618	974395	855225.6	3
	增长率	45.91%	6.62%	29.74%	−1.98%	4.59%	16.98%	11
芜湖市	总收入	1184167	1443375	1700457	1845641	2039027	1642533	2
	增长率	42.64%	21.89%	17.81%	8.54%	10.48%	20.27%	6
宣城市	总收入	536103	660604	784277	870423	908301	751941.6	5
	增长率	32.24%	23.22%	18.72%	10.98%	4.35%	17.90%	9
铜陵市	总收入	331884	401816	430000	483098	483470	426053.6	13
	增长率	28.34%	21.07%	7.01%	12.35%	0.08%	13.77%	14
池州市	总收入	263229	369246	463237	471182	460913	405561.4	15
	增长率	34.20%	40.28%	25.45%	1.72%	−2.18%	19.89%	8
安庆市	总收入	458280	574326	696311	799885	782571	662274.6	7
	增长率	30.19%	25.32%	21.24%	14.87%	−2.16%	17.89%	10

（续表）

地区	指标	2011	2012	2013	2014	2015	平均值	排名
黄山市	总收入	328383	361068	416277	429817	436067	394322.4	16
	增长率	44.89%	9.95%	15.29%	3.25%	1.45%	14.97%	13

注：税收收入单位为万元，排名为均值排名。

其一，2015 年各市税收收入除淮北市、淮南市、池州市和安庆市呈下降趋势，其余地市的税收收入水平均有所提高，涨幅维持在 1.45%～11.51%之间，在上涨的城市中，涨幅最高的为亳州市，上涨最低的为黄山市。

其二，总体而言，合肥市在税收收入规模和增长率上与其他市相比有较大的优势，2011—2015 年税收收入排名第一，增长率排名第十二，2011—2015 年合肥市税收收入总体绝对数值为上升趋势，从历年的税收收入情况可以看出，税收收入一直有所增长，2011 年和 2014 年增幅较大，增幅均超过 18%，2011 年相比 2010 年增长 23.98%，2014 年相比 2013 年增长 19.43%。2015 年共计完成税收收入 4609552 万元，与上年同比增收 351735 万元，增长率 8.26%，增幅相对较低。2015 年合肥市生产总值（GDP）为 5660.3 亿元，按可比价格计算，比上年增长 10.5%，分别快于全国、全省 3.6 和 1.8 个百分点。原因主要是因为“营改增”政策的试点开始，合肥市部分企业涉及“营改增”政策的落实，减税效应形成，有利于促进经济的发展和提升。

其三，亳州市位于安徽省北部，在省内属于经济发展较为落后的地区，2011—2015 年亳州市税收收入平均增长率排名第一，税收收入排名第十一，税收收入增长迅速。

其四，淮南市税收收入比较特别，仅 2011 年和 2012 年有所上升，其增长率分别为 27.96%和 18.46%，从 2013 年开始便持续下滑，其中 2014 年税收收入下降额度最大，相比 2013 年下降 99314 万元，税收收入增长率在 2013 年、2014 年和 2015 年都为负数，分别为 −1.26%、−14.47%和−4.36%。从淮南市 2011－2015 年的生产总值（GDP）可以发现，淮南市税收收入变化趋势受其全市生产总值变化的影响，全球经济下滑导致淮南市煤炭、电力发展面临严峻考验，所以 2012 年之后会出现下降的趋势。

（二）主要税种税收收入情况

表 6 - 3　2011—2015 年安徽省各市增值税税收收入及其增长率

地区	指标	2011	2012	2013	2014	2015	平均值	排名
合肥市	增值税	344133	392768	523980	591345	622534	494952	1
	增长率	34.65%	14.13%	33.41%	12.86%	5.27%	20.06%	6
淮北市	增值税	105788	84636	79975	95165	92659	91644.6	10
	增长率	19.23%	−19.99%	−5.51%	18.99%	−2.63%	2.02%	15
亳州市	增值税	45294	61423	89603	117482	133892	89538.8	11
	增长率	49.51%	35.61%	45.88%	31.11%	13.97%	35.22%	1
宿州市	增值税	50660	60210	63823	67153	76012	63571.6	14
	增长率	46.26%	18.85%	6.00%	5.22%	13.19%	17.91%	8
蚌埠市	增值税	75255	94663	124366	167350	195310	131388.8	5
	增长率	40.51%	25.79%	31.38%	34.56%	16.71%	29.79%	4
阜阳市	增值税	90256	101974	116158	135829	134311	115705.6	7
	增长率	23.52%	12.98%	13.91%	16.93%	−1.12%	13.25%	12
淮南市	增值税	154050	150844	133585	122993	127202	137734.8	4
	增长率	14.20%	−2.08%	−11.44%	−7.93%	3.42%	−0.77%	16
滁州市	增值税	78210	82354	104422	122149	139539	105334.8	8
	增长率	26.90%	5.30%	26.80%	16.98%	14.24%	18.04%	7
六安市	增值税	51264	60785	75002	77602	73784	67687.4	13
	增长率	28.65%	18.57%	23.39%	3.47%	−4.92%	13.83%	11
马鞍山市	增值税	163473	132835	162508	175868	162993	159535.4	3
	增长率	22.49%	−18.74%	22.34%	8.22%	−7.32%	5.40%	14
芜湖市	增值税	181434	221916	360711	413747	455827	326727	2
	增长率	63.21%	22.31%	62.54%	14.70%	10.17%	34.59%	2
宣城市	增值税	110662	111240	125047	155298	149348	130319	6
	增长率	40.66%	0.52%	12.41%	24.19%	−3.83%	14.79%	10
铜陵市	增值税	66917	66463	75698	82803	86006	75577.4	12
	增长率	30.98%	−0.68%	13.89%	9.39%	3.87%	11.49%	13

（续表）

地区	指标	2011	2012	2013	2014	2015	平均值	排名
池州市	增值税	23625	30889	61583	74615	66203	51383	15
	增长率	23.93%	30.75%	99.37%	21.16%	−11.27%	32.79%	3
安庆市	增值税	77539	67415	91851	106760	122515	93216	9
	增长率	30.84%	−13.06%	36.25%	16.23%	14.76%	17.00%	9
黄山市	增值税	28217	32623	54777	57721	47908	44249.2	16
	增长率	37.01%	15.61%	67.91%	5.37%	−17.00%	21.78%	5

注：税收收入单位为万元，排名为均值排名。

增值税作为税收收入的主要税种，其增长趋势与税收收入增长趋势吻合度较高。表 6 - 3 反映的是 2011—2015 年安徽省各市增值税税收收入及其增长率。具体分析有以下几点：

其一，2015 年各市增值税税收收入淮北、六安、阜阳、马鞍山、宣城、池州和黄山市为负增长，负增长具体数值大于－10%的有淮北、阜阳、六安、马鞍山和宣城市，负增长具体数值小于－10%的为池州市和黄山市。

其二，合肥市在增值税税收收入绝对规模上仍有较大优势，2011—2015 年合肥市平均增值税税收收入排名第一，增长率排名第六，与总税收收入增长率排名第十二相比，增值税税收收入对总体税收收入有正向的拉动作用。2011—2015 年，合肥市增值税税收收入绝对数额持续增长，增长幅度较大的为 2011 年和 2013 年，均超过 30%，近两年增长幅度相对较低。

其三，亳州市 2011—2015 年增值税税收收入平均增长率排名第一，增值税税收收入排名第十一，增值税税收收入增长迅速。另一方面，亳州市增值税的排名情况与总体税收收入的排名情况相同，验证了亳州市总体税收收入以增值税为主的现状。

其四，淮北市和淮南市是安徽省的两个煤炭大市，两市平均增值税增长率分列第十五和第十六。推测可能与税收收入变化的原因有相似之处，即全球经济下滑和产能过剩导致淮北市和淮南市的煤炭、电力发展面临严峻考验。

表 6-4　2011—2015 年安徽省各市营业税税收收入及其增长率

地区	指标	2011	2012	2013	2014	2015	平均值	排名
合肥市	营业税	1168933	1328381	1415166	1727914	1764360	1480951	1
	增长率	29.46%	13.64%	6.53%	22.10%	2.11%	14.77%	12
淮北市	营业税	96890	113310	115420	133346	154279	122649	16
	增长率	25.25%	16.95%	1.86%	15.53%	15.70%	15.06%	11
亳州市	营业税	105995	143135	168407	192687	201360	162316.8	12
	增长率	48.64%	35.04%	17.66%	14.42%	4.50%	24.05%	3
宿州市	营业税	115179	141176	166256	195092	219407	167422	11
	增长率	55.29%	22.57%	17.77%	17.34%	12.46%	25.09%	1
蚌埠市	营业税	155803	188274	247320	258780	319273	233890	7
	增长率	34.64%	20.84%	31.36%	4.63%	23.38%	22.97%	4
阜阳市	营业税	152917	186881	209631	262144	299052	222125	9
	增长率	26.51%	22.21%	12.17%	25.05%	14.08%	20.00%	7
淮南市	营业税	164881	205899	214152	174559	176356	187169.4	10
	增长率	12.25%	24.88%	4.01%	−18.49%	1.03%	4.73%	16
滁州市	营业税	203258	282978	307043	331974	348823	294815.2	3
	增长率	48.16%	39.22%	8.50%	8.12%	5.08%	21.82%	5
六安市	营业税	172257	209190	236126	273901	326172	243529.2	6
	增长率	31.51%	21.44%	12.88%	16.00%	19.08%	20.18%	6
马鞍山市	营业税	198605	240770	293432	267377	352728	270582.4	4
	增长率	59.10%	21.23%	21.87%	−8.88%	31.92%	25.05%	2
芜湖市	营业税	420731	512881	488741	466419	575266	492807.6	2
	增长率	52.63%	21.90%	−4.71%	−4.57%	23.34%	17.72%	9
宣城市	营业税	174531	202017	251703	253944	283746	233188.2	8
	增长率	35.88%	15.75%	24.59%	0.89%	11.74%	17.77%	8
铜陵市	营业税	108322	131653	141121	135088	144831	132203	14
	增长率	33.42%	21.54%	7.19%	−4.28%	7.21%	13.02%	13
池州市	营业税	104321	138938	130915	134051	136216	128888.2	15
	增长率	26.63%	33.18%	−5.77%	2.40%	1.62%	11.61%	14
安庆市	营业税	171468	215051	280098	292169	270320	245821.2	5
	增长率	28.58%	25.42%	30.25%	4.31%	−7.48%	16.22%	10

（续表）

地区	指标	2011	2012	2013	2014	2015	平均值	排名
黄山市	营业税	147730	149718	149348	148760	160251	151161.4	13
	增长率	48.43%	1.35%	-0.25%	-0.39%	7.72%	11.37%	15

注：税收收入单位为万元，排名为均值排名。

营业税是对在中国境内从事商业和各种经营的单位、个人所获经营额征收的一种税。营业税在 2016 年 5 月已经退出中国的历史舞台，不可否认营业税在税收的历史中做出的贡献，分析营业税的变化情况很大程度上能反映出各地市经济发展的状况。表 6-4 反映的是 2011—2015 年安徽省各市营业税税收收入及其增长率。具体分析有以下几点：

其一，合肥市营业税的绝对数额在统计年份中的平均值排名第一，纵观合肥市 2011—2015 年营业税收入情况，从增长率来看，2011 年和 2014 年分别为两个波峰，营业税绝对数额依然连年持续增长，2015 年合肥市营业税增长率为 2.11%，为统计年份中增长率最低，也表明合肥市“营改增”落实有效。

其二，宿州市营业税税收收入相比其他地市较为稳定，2011—2015 年间营业税稳定增长，增长率排名第一。宿州市位于安徽省东北部，是长三角城市群、中原经济区的重要节点，安徽区域中心城市之一，近年来宿州市加大投资力度，税收收入规模有所提升。

其三，安徽省各地市营业税相比其他税种在增长率上波动较大，常出现负增长和较大幅度的正增长。

表 6-5　2011—2015 年安徽省各市房产税税收收入及其增长率

地区	指标	2011	2012	2013	2014	2015	平均值	排名
合肥	房产税	76616	100298	88282	127765	151242	108840.6	1
	增长率	46.23%	30.91%	-11.98%	44.72%	18.38%	25.65%	6
	土地使用税	56204	74036	43590	73129	173477	84087.2	2
	增长率	14.65%	31.73%	-41.12%	67.77%	137.22%	42.05%	10

（续表）

地区	指标	2011	2012	2013	2014	2015	平均值	排名
淮北	房产税	5826	9206	9805	11823	12847	9901.4	11
	增长率	15.09%	58.02%	6.51%	20.58%	8.66%	21.77%	11
	土地使用税	27761	32838	34719	37543	34472	33466.6	11
	增长率	36.90%	18.29%	5.73%	8.13%	−8.18%	12.17%	16
亳州	房产税	4120	5080	5683	6266	9609	6151.6	16
	增长率	36.24%	23.30%	11.87%	10.26%	53.35%	27.00%	4
	土地使用税	8314	10073	10707	18703	36629	16885.2	16
	增长率	39.17%	21.16%	6.29%	74.68%	95.85%	47.43%	5
宿州	房产税	4755	6793	6138	8171	10125	7196.4	14
	增长率	44.00%	42.86%	−9.64%	33.12%	23.91%	26.85%	5
	土地使用税	13105	18831	17671	49347	80978	35986.4	9
	增长率	22.59%	43.69%	−6.16%	179.25%	64.10%	60.70%	1
蚌埠	房产税	9997	10978	11444	17485	21477	14276.2	7
	增长率	35.15%	9.81%	4.24%	52.79%	22.83%	24.97%	7
	土地使用税	20161	28100	23321	48085	60241	35981.6	10
	增长率	79.08%	39.38%	−17.01%	106.19%	25.28%	46.58%	6
阜阳	房产税	6523	8001	10301	9772	12930	9505.4	13
	增长率	15.94%	22.66%	28.75%	−5.14%	32.32%	18.91%	12
	土地使用税	10314	15793	34538	33754	46094	28098.6	13
	增长率	34.68%	53.12%	118.69%	−2.27%	36.56%	48.16%	4
淮南	房产税	12282	15037	17570	16614	19684	16237.4	5
	增长率	−3.70%	22.43%	16.85%	−5.44%	18.48%	9.72%	16
	土地使用税	24024	40364	48787	47288	38694	39831.4	8
	增长率	20.49%	68.02%	20.87%	−3.07%	−18.17%	17.63%	15
滁州	房产税	11024	15529	20621	19507	27172	18770.6	4
	增长率	31.87%	40.87%	32.79%	−5.40%	39.29%	27.88%	2
	土地使用税	31919	41106	45289	68106	105057	58295.4	5
	增长率	49.50%	28.78%	10.18%	50.38%	54.26%	38.62%	12
六安	房产税	7285	10674	13556	15801	16178	12698.8	10
	增长率	26.52%	46.52%	27.00%	16.56%	2.39%	23.80%	10
	土地使用税	12156	18446	18701	43023	47633	27991.8	14
	增长率	18.20%	51.74%	1.38%	130.06%	10.72%	42.42%	9

（续表）

地区	指标	2011	2012	2013	2014	2015	平均值	排名
马鞍山	房产税	25080	32155	30354	35039	36696	31864.8	3
	增长率	49.68%	28.21%	−5.60%	15.43%	4.73%	18.49%	14
	土地使用税	33326	53215	53285	79214	117152	67238.4	4
	增长率	59.17%	59.68%	0.13%	48.66%	47.89%	43.11%	8
芜湖	房产税	28570	35996	41042	51574	65092	44454.8	2
	增长率	46.94%	25.99%	14.02%	25.66%	26.21%	27.77%	3
	土地使用税	92089	120016	148698	206317	233025	160029	1
	增长率	57.95%	30.33%	23.90%	38.75%	12.95%	32.77%	13
宣城	房产税	8678	10040	11265	16096	18265	12868.8	8
	增长率	40.19%	15.69%	12.20%	42.89%	13.48%	24.89%	8
	土地使用税	29574	87651	92042	95857	103238	81672.4	3
	增长率	46.35%	196.38%	5.01%	4.14%	7.70%	51.92%	2
铜陵	房产税	6917	8033	8312	12796	12737	9759	12
	增长率	8.01%	16.13%	3.47%	53.95%	−0.46%	16.22%	15
	土地使用税	22772	45229	37922	72000	70942	49773	7
	增长率	22.28%	98.62%	−16.16%	89.86%	−1.47%	38.63%	11
池州	房产税	3686	4782	8301	8047	9808	6924.8	15
	增长率	23.11%	29.73%	73.59%	−3.06%	21.88%	29.05%	1
	土地使用税	21612	45809	58863	61899	87619	55160.4	6
	增长率	70.47%	111.96%	28.50%	5.16%	41.55%	51.53%	3
安庆	房产税	11184	13418	15807	16345	19360	15222.8	6
	增长率	33.73%	19.97%	17.80%	3.40%	18.45%	18.67%	13
	土地使用税	14704	20221	28025	37285	48665	29780	12
	增长率	12.69%	37.52%	38.59%	33.04%	30.52%	30.47%	14
黄山	房产税	8176	11919	16194	11221	16650	12832	9
	增长率	20.06%	45.78%	35.87%	−30.71%	48.38%	23.88%	9
	土地使用税	10065	15087	15545	28987	43223	22581.4	15
	增长率	36.98%	49.90%	3.04%	86.47%	49.11%	45.10%	7

注：税收收入单位为万元，排名为均值排名。

房产税是以房产为征税对象，按房产价值或房租收入计征的一种税。表 6-5 的土地使用税代表城镇土地使用税，是国家在城市、县城、建制镇和工矿区范围内，对拥有土地使用权的单位和个人，以其实际占有的土地面积为计税依据，按照税法规定的税额计算征收的一种税，该税种属于地方税种。房产税和城镇土地使用税与房地产市场的变化有很大的相关性。表 6-5 反映的是 2011—2015 年安徽省各市房产税税收收入及其增长率。具体分析有以下几点：

其一，合肥市房产税绝对数额均值在统计年份中排名第一，城镇土地使用税绝对数额均值在统计年份中排名第二，在安徽省各地市中排名靠前；增长率方面，房产税增长率和城镇土地使用税增长率分列第六和第十，在各地市中处于中上游的水平。另外，观察发现合肥市房产税和城镇土地使用税两者对应年份 2011—2015 年绝对数额的变化趋势基本相同，2013 年绝对数额和增长率呈现出负增长。从 2014 年开始，上涨趋势明显，2014 年房产税累计收入完成 127765 万元，增长率高达 44.72%，2014 年城镇土地使用税累计完成 73129 万元，增长率高达 67.77%，反映出 2014 年合肥市房地产市场热度较高。2015 年合肥市房产税累计完成 151242 万元，相比 2014 年增长 18.38%，城镇土地使用税累计完成 173477 万元，增长率高达 137.22%。这反映出合肥市在建房地产较多，房地产投资比重偏高，房地产市场热度不减。

其二，宿州市房产税和城镇土地使用税在绝对规模上虽不出彩，但房产税增长率和城镇土地使用税增长率五年内的均值分列第五和第一，宿州市 2014 年和 2015 年房产税和城镇土地使用税增长速度较快，反映出宿州市近两年房地产市场热度较大且有持续增强的趋势。

（三）非税收入占收入比重情况

非税收入占收入比重为一个相对指标，非税收入的增加说明企业在除税收收入以外的费用负担有所增加，非税收入的减少说明政府应该积极推进费改税，优化除税收以外的费用机制，优化税收结构，税收质量有所改善。

表 6-6 2011—2015 年安徽省各市非税收入占收入比重情况分析

地区	指标	2011	2012	2013	2014	2015	平均值	排名
合肥市	非税比重	18.90%	20.04%	18.72%	14.90%	19.35%	18.38%	15
淮北市	非税比重	5.91%	17.77%	14.91%	14.69%	29.85%	16.63%	16
亳州市	非税比重	22.74%	25.75%	22.38%	23.21%	23.49%	23.51%	12
宿州市	非税比重	25.10%	29.86%	29.73%	29.39%	29.96%	28.81%	6
蚌埠市	非税比重	25.72%	27.55%	26.79%	24.75%	25.02%	25.97%	11
阜阳市	非税比重	19.06%	24.98%	23.52%	22.32%	27.41%	23.46%	13
淮南市	非税比重	17.82%	29.52%	38.03%	22.12%	27.40%	26.98%	8
滁州市	非税比重	26.67%	27.23%	28.57%	28.11%	31.69%	28.45%	7
六安市	非税比重	24.77%	27.37%	27.38%	25.05%	27.79%	26.47%	9
马鞍山市	非税比重	24.86%	42.68%	34.98%	23.04%	25.51%	30.22%	4
芜湖市	非税比重	15.40%	19.33%	20.54%	20.97%	22.61%	19.77%	14
宣城市	非税比重	21.58%	24.01%	27.16%	27.60%	30.96%	26.26%	10
铜陵市	非税比重	26.83%	36.82%	33.00%	27.10%	27.63%	30.28%	3
池州市	非税比重	35.78%	29.50%	28.89%	31.15%	35.36%	32.14%	2
安庆市	非税比重	36.70%	32.92%	29.28%	24.29%	26.57%	29.95%	5
黄山市	非税比重	27.83%	35.89%	29.90%	36.78%	39.09%	33.90%	1

注：排名为均值排名。

表 6-6 反映的是 2011—2015 年安徽省各市非税收入占收入比重情况。具体分析，有以下几点：

其一，相比于 2014 年，大多数地市的非税收入占税收收入的比重呈增长趋势。

其二，就 2011—2015 年平均值来看，淮北市表现较好，非税收入占税收收入的比重统计年份中最低为 16.63%，在安徽省地市中排名第十六。淮北市非税收入总量总体呈逐年增加的趋势，2015 年非税收入最高，为 179810 万元，占收入比重的 29.85%。2014 年淮北市开展非税收入收缴情况专项检查，检查发现，2014 年至 2015 年，各县区非税收入依法征收、应收尽收，较好地完成了非税收入的收缴任务，非税收入收缴情况和管理情况良好。各县区深入贯彻落实《预算法》要求，严格执行《安徽省政府非税收入管理暂行办法》和《安徽省政府非税收入收缴管理暂行办法》。非税收入收缴能够按照省市有关规定进行管理和核算，未发现违规多征、提前征收或者减征、免征、缓征非税收入现象以及截留、占有、挪用等违规违纪现象。

其三，2011—2015 年黄山市非税收入占税收收入比重在 27.83%～39.09%区间内波动，为高区间波动，平均值也位于安徽省各地市中的首位。2013 年相比 2012 年降低 5.99%，反映出良好的趋势。但随后的 2014 年与 2015 年，非税收入连续两年上涨，2014 年非税收入比 2013 年增加 72535 万元，非税收入占比提高 6.88%；2015 年非税收入占税收收入比重上升至 39.09%，相比 2014 年提高 2.31%，非税收入增长至 279888 万元，为统计年份内峰值。总体来看，黄山市非税收入在曲折中上升，2015 年相比 2011 年非税收入上升了 153270 万元，五年间非税收入绝对数额上升较大，黄山市税收结构有待进一步改善，税收质量有待进一步提高。

二、理论税收收入实现程度排名

（一）税收宏观税负及变动率排名

课题组通过统计年鉴和安徽省地税局获得安徽省各地市 2011—2015 年地区税收收入和地区生产总值，计算得出地区宏观税负及其变动率，并根据五年数据平均值进行排名，具体情况详见表 6－7 所列。

表 6－7 安徽省 2011—2015 年各市宏观税负及其变动排名

地区	指标	2011	2012	2013	2014	2015	平均值	排名
合肥市	宏观税负	7.55%	7.48%	7.61%	8.22%	8.14%	7.80%	5
	变动率	0.97%	−0.94%	1.77%	7.99%	−0.91%	1.78%	14
淮北市	宏观税负	6.46%	6.87%	6.04%	5.93%	5.56%	6.17%	11
	变动率	8.44%	6.45%	−12.15%	−1.75%	−6.32%	−1.07%	16
亳州市	宏观税负	4.20%	4.95%	6.09%	6.32%	6.60%	5.63%	13
	变动率	22.27%	17.88%	23.18%	3.67%	4.53%	14.31%	1

（续表）

地区	指标	2011	2012	2013	2014	2015	平均值	排名
宿州市	宏观税负	3.64%	4.09%	4.55%	4.76%	4.87%	4.38%	16
	变动率	24.44%	12.34%	11.32%	4.75%	2.32%	11.03%	2
蚌埠市	宏观税负	5.84%	6.38%	6.49%	6.89%	7.16%	6.55%	10
	变动率	9.36%	9.24%	1.75%	6.04%	4.01%	6.08%	8
阜阳市	宏观税负	5.29%	5.40%	5.94%	6.76%	6.88%	6.05%	12
	变动率	15.55%	2.19%	10.00%	13.79%	1.66%	8.64%	3
淮南市	宏观税负	7.24%	7.83%	7.34%	6.43%	6.23%	7.01%	7
	变动率	10.93%	8.28%	−6.27%	−12.44%	−3.12%	−0.52%	15
滁州市	宏观税负	6.37%	7.27%	7.35%	7.32%	7.52%	7.16%	6
	变动率	12.59%	14.13%	1.11%	−0.40%	2.74%	6.03%	9
六安市	宏观税负	5.92%	6.17%	6.55%	7.29%	7.34%	6.65%	9
	变动率	13.06%	4.26%	6.11%	11.31%	0.70%	7.09%	5
马鞍山市	宏观税负	6.00%	5.94%	7.48%	6.99%	7.14%	6.71%	8
	变动率	21.02%	−1.12%	26.06%	−6.63%	2.12%	8.29%	4
芜湖市	宏观税负	7.14%	7.70%	8.09%	7.99%	8.30%	7.85%	4
	变动率	15.36%	7.88%	5.06%	−1.27%	3.84%	6.17%	7
宣城市	宏观税负	7.98%	8.72%	9.24%	9.49%	9.35%	8.96%	1
	变动率	3.60%	9.22%	5.99%	2.63%	−1.43%	4.00%	11
铜陵市	宏观税负	4.55%	5.08%	5.02%	5.32%	5.30%	5.06%	15
	变动率	3.38%	11.63%	−1.28%	6.06%	−0.35%	3.89%	12
池州市	宏观税负	7.07%	8.84%	9.80%	9.11%	8.46%	8.66%	2
	变动率	8.37%	25.16%	10.76%	−7.00%	−7.12%	6.03%	10
安庆市	宏观税负	4.30%	4.82%	5.59%	5.91%	5.52%	5.23%	14
	变动率	6.05%	12.24%	15.95%	5.70%	−6.62%	6.66%	6
黄山市	宏观税负	8.67%	8.50%	8.84%	8.47%	8.21%	8.54%	3
	变动率	18.34%	−1.98%	4.03%	−4.14%	−3.07%	2.64%	13

从表 6 - 7 可以看出：2011—2015 年宣城市宏观税负平均值为 8.96%，为全省最高，然后依次是池州市、黄山市、芜湖市和合肥市。税收与地区经济发展相辅相成，由于各地经济结构不同，经济发展水

平不同，宏观税负也存在较大差异，税负指标在地区之间缺乏可比性，所以重点从宏观税负变动率角度考察其对税收收入质量的反应。各市宏观税负变动率五年平均值前五名是亳州市、宿州市、阜阳市、马鞍山市和六安市，其变动率分别为 14.31%、11.03%、8.64%、8.29% 和 7.09%。从以上分析可以看出地区宏观税负前五名都集中在安徽省中偏南地区，而宏观税负变动率都集中在安徽省中偏北地区。这说明：其一，皖南地区经济较发达，地区宏观税负较高，税收质量好，但税收收入质量提高的速度偏弱于皖北地区。今后要加强税收管理理念、方式的创新，凭借互联网、大数据等提高税收效率，从而使税收质量不断提高；其二，皖北地区近五年宏观税负变动率大，虽然税收总质量不如皖南地区，但近五年税收管理质量和效率不断提高，对税收的遵从不断提高、综合反应税收质量水平提升速度快。今后，皖北地区要在稳抓经济发展的同时不断借鉴发达地区的管理方式，与时俱进，从而不断提高本地区税收质量水平。

另一方面，增值税、所得税等税种所实施的优惠政策也是造成税收收入占 GDP 比重下降的重要原因。从 2010 年来对税收收入影响最大的几大税收政策分别是小微企业税收优惠强度加大和征收率的调整，尤其是随着“营改增”的持续推进，减税效应不断凸显。综合这几个因素不难发现，它们都是结构性减税政策，但 GDP 的增减并没有随之变化，所以造成 2015 年各市宏观税负变动率变动下降或者反方向变动，而这种政策面的减收与本地税收质量水平无直接关系。

（二）税收弹性系数排名

课题组通过统计年鉴和安徽省地税局获得安徽省各地市 2011—2015 年地区税收收入和地区生产总值，计算得出地区税收弹性系数。并根据五年数据平均值与弹性系数合理区间的中间值的距离进行排名，具体情况详见表 6-8 所列。

表 6-8　安徽省 2011—2015 年税收弹性系数排名

地区	2011	2012	2013	2014	2015	平均值	合理值差	排名
合肥市	105.24%	92.62%	115.95%	183.31%	89.22%	1.17	0.17	2

（续表）

地区	2011	2012	2013	2014	2015	平均值	合理值差	排名
淮北市	150.20%	161.02%	7.51%	70.62%	−5984.51%	−11.19	12.19	16
亳州市	222.55%	243.75%	282.19%	150.93%	172.38%	2.14	1.14	13
宿州市	229.19%	200.27%	205.27%	147.02%	130.07%	1.82	0.82	11
蚌埠市	151.41%	174.78%	111.74%	166.56%	149.29%	1.51	0.51	8
阜阳市	200.75%	119.26%	180.19%	283.67%	126.89%	1.82	0.82	10
淮南市	182.15%	196.36%	−23.48%	622.39%	340.31%	2.64	1.6	14
滁州市	169.15%	214.14%	108.68%	95.29%	139.13%	1.45	0.45	6
六安市	167.10%	137.02%	159.99%	262.78%	117.23%	1.69	0.69	9
马鞍山市	223.21%	84.57%	1019.21%	−39.78%	190.10%	2.95	1.95	15
芜湖市	180.32%	168.51%	146.75%	85.99%	163.82%	1.49	0.49	7
宣城市	116.63%	181.09%	155.84%	134.88%	74.14%	1.33	0.33	4
铜陵市	117.37%	249.23%	83.48%	208.17%	18.01%	1.35	0.35	5
池州市	143.49%	333.39%	191.83%	18.31%	−40.93%	1.29	0.29	3
安庆市	132.61%	217.29%	465.26%	171.46%	−45.39%	1.88	0.88	12
黄山市	200.12%	81.79%	141.24%	42.19%	31.12%	0.99	0.01	1

从表 6-8 可以看出：安徽省各市税收弹性系数排名最好的是黄山市，其五年的平均值为 0.99，距离经济学界认为的弹性系数合理区间 0.8～1.2 的中间值 1 相差 0.01。然后依次是合肥市、池州市、宣城市和铜陵市，距离合理区间中间值相差分别为 0.17、0.29、0.33 和 0.35。从总体排名来看，皖南地区的大部分地级市都靠前，说明皖南地区相比皖北地区，税收弹性系数较好，税收与经济增长轨迹偏差程度低，协调性高，综合反应皖南地区理论税收实现程度好，税收收入质量较高。今后皖北地区要逐步调整税收政策，减少税收增长与经济增长轨迹的偏差，使得税收和经济增长相辅相成，税收收入的质量也相应提高。

三、税收可持续增长能力的指标

中共十八届三中全会对税制改革的目标要求之一是逐步提高直接

税收入比重，直接税的比重情况反应地区的税制结构和税源增长潜力。课题组通过统计年鉴和安徽省地税局获得安徽省各地市 2010 年到 2015 年地区企业所得税、个人所得税和地区税收收入，并用个人所得税和企业所得税之和代替直接税计算得出直接税收入占比及其变动率，并根据五年数据平均值进行排名，具体情况详见表 6－9 所列。

表 6－9　安徽省 2011—2015 年各市直接税收入占比系数及其变动率排名

地区	指标	2011	2012	2013	2014	2015	平均值	排名
合肥市	直接税占比	13.70%	13.49%	12.44%	12.86%	13.60%	13.22%	1
	变动率	9.76%	－1.58%	－7.75%	3.36%	5.79%	1.92%	5
淮北市	直接税占比	15.47%	15.92%	12.00%	7.68%	7.33%	11.68%	3
	变动率	22.03%	2.89%	－24.60%	－36.05%	－4.58%	－8.06%	16
亳州市	直接税占比	6.96%	7.19%	6.60%	7.76%	8.15%	7.33%	15
	变动率	－7.13%	3.32%	－8.29%	17.72%	4.94%	2.11%	4
宿州市	直接税占比	7.67%	7.20%	8.27%	9.60%	8.66%	8.28%	9
	变动率	13.01%	－6.12%	14.75%	16.18%	－9.82%	5.60%	2
蚌埠市	直接税占比	8.25%	7.76%	7.64%	7.77%	6.70%	7.62%	14
	变动率	5.75%	－5.95%	－1.55%	1.74%	－13.70%	－2.74%	13
阜阳市	直接税占比	8.36%	9.51%	7.66%	7.02%	7.43%	8.00%	11
	变动率	10.53%	13.77%	－19.45%	－8.43%	5.87%	0.46%	9
淮南市	直接税占比	11.59%	9.98%	9.04%	9.12%	11.05%	10.16%	5
	变动率	32.73%	－13.92%	－9.36%	0.81%	21.24%	6.30%	1
滁州市	直接税占比	9.81%	8.22%	8.33%	9.55%	8.98%	8.98%	8
	变动率	14.31%	－16.22%	1.37%	14.62%	－5.94%	1.63%	6
六安市	直接税占比	9.90%	9.44%	8.95%	8.82%	7.96%	9.02%	7
	变动率	24.15%	－4.61%	－5.21%	－1.48%	－9.72%	0.63%	8
马鞍山市	直接税占比	8.75%	8.60%	6.74%	8.85%	8.06%	8.20%	10
	变动率	－10.67%	－1.72%	－21.58%	31.22%	－8.92%	－2.33%	12
芜湖市	直接税占比	12.66%	11.92%	11.25%	11.66%	11.62%	11.82%	2
	变动率	－2.74%	－5.87%	－5.62%	3.68%	－0.37%	－2.19%	11
宣城市	直接税占比	9.24%	7.70%	6.95%	7.75%	7.72%	7.87%	12
	变动率	25.94%	－16.63%	－9.77%	11.58%	－0.49%	2.13%	3

（续表）

地区	指标	2011	2012	2013	2014	2015	平均值	排名
铜陵市	直接税占比	9.80%	10.81%	10.88%	10.47%	9.20%	10.23%	4
	变动率	6.06%	10.32%	0.66%	−3.80%	−12.10%	0.23%	10
池州市	直接税占比	8.46%	7.52%	5.56%	5.82%	5.81%	6.64%	16
	变动率	12.49%	−11.11%	−26.17%	4.83%	−0.22%	−4.04%	14
安庆市	直接税占比	9.34%	10.04%	10.53%	10.00%	8.98%	9.78%	6
	变动率	8.63%	7.57%	4.86%	−5.04%	−10.17%	1.17%	7
黄山市	直接税占比	8.35%	9.34%	7.61%	7.22%	6.47%	7.80%	13
	变动率	−4.75%	11.81%	−18.55%	−5.05%	−10.43%	−5.39%	15

从表 6 - 9 可以看出：2011—2015 年合肥市直接税占比平均值为 13.22%，为全省最高，然后依次是芜湖市、淮北市、铜陵市和淮南市。从直接税占比变动率来看，五年平均值前五名排名为淮南市、宿州市、宣城市、亳州市和合肥市，其数值依次为 6.30%、5.60%、2.13%、2.11%和 1.92%。从直接税占比和变动率来看并没有明显的区域划分，但从总体直接税占比来看，和经济发达的东部地区相比，直接税的占比还是维持在一个较低的水平上。尤其是个人所得税占比水平更低，短期内大幅度提高个人所得税收入，仍有一定难度，但未来要进行综合与分类相结合的改革，要积极关注中央政策，探测改革方案，紧跟改革步伐。为了实现直接税占比提高、优化税收收入质量的目标，现阶段降低间接税收入的比重比较有效。随着“营改增”的持续推进，降低地区整体的税负，更深一步是降低了间接税，所以地方要积极落实和完善全面推开“营改增政策”。另一方面国家税务总局局长王军在“部长通道”接受记者采访时表示，2017 年增值税税率将由“4 档”减并为“3 档”，这也将对以后税制结构产生重大影响。最后对于税制结构的调整，房产税可以起到逐步提升直接税比重、降低间接税比重的作用。安徽各地市要紧跟中央改革步伐，稳步提高直接税比重，优化税制结构，从而使本地区整体的税收质量水平提高。

参考文献

[1] 郭玉玖．完善税收质量评估考核体系和奖惩制度［J］．黑龙江财专学报，1992，(03)：26－29.

[2] 邵学峰．税收质量的界定、制度比较与借鉴［J］．学习与探索，2005，(01)：178－183.

[3] 苏杰平．构建云南国税系统税收收入质量评价体系研究［D］．昆明：云南大学，2013.

[4] 王文波．构建现代化税收征管质量评价体系的思考［J］．税收经济研究，2014，(02)：8－14.

[5] 天津市税收收入质量调研课题组，宋德刚，于付态，马燕梅，解忠艳．构建地方税收收入质量评价体系研究［J］．天津经济，2014，(02)：43－47.

[6] 董蔚．税收收入质量管理研究［D］．昆明：云南财经大学，2015.

[7] 叶启新，谢飞婷，伍丽，钱宝珍．优化税收征管质量评价体系的方法研究［J］．财政研究，2016，(03)：91－103.

[8] 任春玲．我国 PPP 模式发展的现存问题及对策研究［J］．长春金融高等专科学校学报，2016 (1)：5－11.

[9] 卫志民，孙杨．民营企业参与“PPP 项目”的制约因素分析［J］．江苏行政学院学报，2016 (3)：56－61.

[10] 周小付，萨日娜．PPP 的共享风险逻辑与风险治理［J］．财政研究，2016 (4)：39－46.

[11] 安徽省统计局．《2015 年全省经济运行情况》［DB/OL］．http：//www. ahtjj. gov. cn/tjj/web/info _ view. jsp? strId＝1453454025621631& _ indextow＝8.

[12] 安徽省统计局．《2016 年全省经济运行情况》［DB/OL］．http：//www. ahcz. gov. cn/portal/zwgk/cwyjs/czysbg/1486586556630967. htm.

[13] 潘建成．《2017 年中国经济前瞻》［DB/OL］．人民网，2017－01－24，http：//theory. people. com. cn/n1/2017/0124/c217904－29046960. html.

[14] 2015 年、2016 年国民经济和社会发展统计公报，国家统计局网站．

[15] 2015 年、2016 年安徽省国民经济和社会发展统计公报，安徽省统计局网站．

[16]《关于安徽省 2015 年预算执行情况和 2016 年预算草案的报告》［DB/OL］．http：//www. ahcz. gov. cn/portal/zwgk/cwyjs/czysbg/1486586556630967. htm.

[17]《安徽省去年减免税规模超过 660 亿元》［DB/OL］．中国财经报，2017－02－13，http：//www. cfen. com. cn/dzb/dzb/page _ 2/201702/t20170213 _ 2533432. ht.

[18]《安徽省地方政府债务风险评估和预警暂行办法》［DB/OL］. http：//ah. people. com. cn/n2/2016/0201/c358428－27664608. html.

[19] 安徽省财政厅.《关于进一步加强政府债务管理规范实施政府和社会资本合作项目有关问题的通知》［DB/OL］. http：//www. ahcz. gov. cn/portal/zwgk/zcfg/zcjd/bjzcjd/1478464973719345. htm.

[20] 安徽省财政厅.《我省加强专项建设基金管理防范财政金融风险》［DB/OL］. http：//www. ahcz. gov. cn/portal/zwgk/zcfg/zcjd/bjzcjd/1478464973635138. htm.